Elie Wiesel

Geschichten gegen die Melancholie

18,60

Elie Wiesel

Geschichten gegen die Melancholie

Die Weisheit der chassidischen Meister

Herder

Freiburg · Basel · Wien

Titel der französischen Originalausgabe:
Contre la mélancolie: Célébration hassidique II (Auswahl)

Aus dem Französischen übertragen von
Hanns Bücker

Umschlaggestaltung unter Verwendung eines Details
aus einer Pessach-Haggada aus dem 15. Jh. (Norditalien)

Zweite Auflage

Herstellung: Freiburger Graphische Betriebe 1986
ISBN 3-451-20040-6

Inhalt

Rabbi Aaron von Karlin
oder die chassidische Inbrunst
7

Rabbi Wolf von Sbarasch
oder die chassidische Demut
34

Rabbi Mosche Löb von Sassow
oder die chassidische Barmherzigkeit
57

Rabbi Meir von Przemyslany
oder die chassidische Einfachheit
84

Rabbi Mendel von Worki
oder das chassidische Schweigen
112

Rabbi Aaron von Karlin
oder
die chassidische
Inbrunst

Über sein Leben ist wenig, über seinen Tod noch weniger bekannt, dafür um so mehr über seine Persönlichkeit: bis heute nennt man ihn den „Großen Rabbi Aaron".

Es heißt von ihm, daß er energisch und begeisterungsfähig war und große Überzeugungskraft besaß. Es hielt ihn nie lange an einem Ort, er bereiste die Städte und kleinen Marktflecken, um die Botschaft des Chassidismus zu verbreiten und in den Herzen der Menschen jene Flamme zu entzünden, die sie wieder mit der des Tempels verband. Mit Rabbi Mendel von Witebsk trat er den Feinden der chassidischen Bewegung beim ersten öffentlichen Streitgespräch in Schklow entgegen. Er wagte sich allein in diese Hochburg des traditionellen Rabbinertums, die Litauen damals war, und es gelang ihm, sie in ihren Grundfesten zu erschüttern. Wenn er eine Bindung einging, war seine Treue unerschütterlich, und wenn er etwas unternahm, kannte er keine Furcht; er diente dem vom Bescht gestifteten Chassidismus als Speerspitze.

Das alles ist bekannt und in den Annalen festgehalten. Aber dafür weiß man nicht, woran er gestorben ist und warum er so jung starb. Immer wieder gab er folgenden Rat: „Wenn die Chassidim zusammenkommen, sollten sie den Sohar studieren, denn darin sind die Geheimnisse der Schöpfung und der Endzeit verborgen. Wenn sie dazu nicht fähig sind, mögen sie den Talmud aufschlagen und sich gemeinsam eine Seite vornehmen; auf diese Weise gelangen sie bis zu den Weisen und den Richtern. Wenn auch das zu schwierig für sie ist, sollen sie die Thora lesen, die Quelle aller Wahrheiten. Wenn sie die heilige Sprache nur schlecht verstehen, sollen sie sich chassidische Geschichten erzählen. Und wenn sie sich an sie nicht erinnern können, wenn sie sie nicht zu erzählen wissen oder nicht imstande sind zuzuhören, wohlan, dann sollen sie einander lieben."

Dieser Rat spiegelt die Haltung der chassidischen Bewegung wider: man muß vom Menschen alles verlangen, wozu er fähig ist, und ihn dabei doch so akzeptieren, wie er ist.

Natürlich ist es besser, wenn man in die berauschende Schönheit des Sohar einzudringen vermag, aber wenn man nur die Kunst des Gebets oder das Verlangen danach besitzt, so genügt das auch. Natürlich ist es wichtig, sogar lebenswichtig, den Talmud zu studieren, aber es besteht kein Grund zur Verzweiflung, wenn man es nicht schafft. Für jede Not gibt es ein Heilmittel. Und Gott stößt niemanden zurück. Gott verlangt viel, sogar das Unmögliche, aber er überläßt dem Menschen die Wahl seiner Mittel. Ziel des Menschen ist es, sich Gottes würdig zu erweisen, aber Gott blickt auf ihn und liebt ihn, auch wenn das nicht der Fall ist, vorausgesetzt, der Mensch erinnert sich des Ziels, das er erreichen soll.

Als er einmal gefragt wurde, was ein Chassid sei, antwortete er: „Ein Mensch, der ein gebrochenes Herz, zerschlissene Kleider, eine elende Behausung hat und trotz allem oder gerade deswegen ein unbändiges Verlangen nach Vollkommenheit spürt. Das Verlangen zählt.

Und die Liebe. Die Liebe zu Gott und die Liebe zum Nächsten oder genauer ausgedrückt, die Liebe zu Gott, die durch die Liebe zum Nächsten geht. Es ist weder ein Unglück noch ein Verbrechen, wenn man eine dunkle Stelle in diesem oder jenem Werk nicht zu entziffern weiß, vorausgesetzt, man ist sich seiner Grenzen bewußt. Vorausgesetzt auch, daß der Mensch versucht, sie mit Hilfe seines Nächsten zu überwinden. Die Wahrheit muß man der chassidischen Überlieferung zufolge in jedem Menschen suchen. Nicht jeder ist fähig, Gott so zu lieben wie er sollte, aber jeder ist imstande – oder muß es sein – seinen Nächsten zu lieben, seinen Mitmenschen."

Soll das heißen, der Chassidismus ersetze das Studium durch die Liebe? Seine Gegner behaupten es; deshalb war die Opposition besonders heftig in Litauen, wo zur Zeit des hochangesehenen Gaon Rabbi Eliyahou von Wilna Gelehrte und strenge Talmudisten lebten und tonangebend waren, in deren Augen das Studium absoluten Vorrang hatte.

Dorthin entsandte der Maggid von Mesritsch, der Nachfolger des Bescht, den Rabbi Aaron von Karlin, um einen „Brückenkopf" zu bilden. Und dieser hatte dort einen solchen Erfolg, daß die Gegner des Chassidismus alle seine Anhänger jahrelang einfach die „Karliner" nannten.

Im Rückblick kommen uns heute diese heftigen und hartnäckigen Streitereien völlig überholt und absurd vor. Handgreiflich werden wegen einer Litanei, die man herbetet oder wegläßt, wegen eines Ritus, den man übernimmt oder ablehnt, das zeugt von einer Intoleranz, die schockiert. Wie soll man sonst den Haß erklären, der jahrelang beide Lager verzehrte? Im Talmud sind sich Schammai und Hillel über Hunderte von Fragen völlig uneins, aber das ist gar kein Hindernis für sie, sich zu achten und zu schätzen. Konnte man achtzehn Jahrhunderte nach ihnen nicht erklären, daß beide Haltungen, die des Bescht und des Gaon von Wilna, die gleiche göttliche Wahrheit widerspiegeln, wie es bei Schammai und Hillel der Fall war? Der Bescht und seine Jünger taten es, der Gaon und seine Anhänger nicht. Etwas Toleranz auf seiten des Gaon hätte einen bitteren Kampf verhindern können, der alle jüdischen Gemeinden Osteuropas in zwei Lager spaltete.

Rabbi Aaron wurde 1736, in dem Jahr, als der Bescht sich der Welt offenbarte, geboren und starb bereits 36 Jahre später, etwas früher als der Maggid von Mesritsch. Sein Vater, Rabbi Jaakob, war Kirchendiener in einem Bethaus in Janowo in der Nähe von Pinsk, wozu Karlin als eine Art Vorstadt gehörte. Von seiner Kindheit und Jugend sind kaum Einzelheiten bekannt. Man weiß nur, daß er ein guter Schüler war und eine Zeitlang die Freuden eines Luxuslebens genoß, bis er nach der Legende eines Tages, als er mit seiner Kutsche unterwegs war, plötzlich die Nichtigkeit der Dinge und die Eitelkeit jedes Lebens außer dem spirituellen erkannte. Das war die große Wende.

Diese Legende ist in mehr als einer Hinsicht merkwürdig. Wer hatte ihm eine Kutsche besorgt? Wie konnte er einer Neigung zum Luxus frönen? Sein Vater war doch arm. Ob vielleicht sein Schwiegervater mehr besaß? Man weiß es nicht und weiß auch nicht einmal, wie er dazu kam, sich der chassidischen Bewegung anzuschließen. Es ist auch aus seinem posthum veröffentlichten Werk *Beit Aaron* kaum zu ersehen, das den Talmud und die Kabbala erforscht, denn im jüdischen Litauen widmete sich jeder junge Mann, der auf sich hielt, dem Studium.

Er muß den Chassidismus wohl durch Zufall entdeckt haben, als er auf jene reisenden Botschafter stieß, die der Maggid von Mesritsch in die entferntesten Provinzen entsandte.

Als der Philosoph Salomon Maimon, wie er in seiner Selbstbiographie erzählt, einem dieser Boten zugehört hatte, war sein Widerstand gebrochen, denn der Unbekannte hatte seine Fantasie entzündet. Er begab sich sogleich zum Meister nach Mesritsch. Dasselbe muß mit Rabbi Aaron geschehen sein. Er verließ Pinsk und suchte den Maggid auf, und diese Begegnung veränderte sein Leben völlig. Er kehrte nach Litauen zurück, um eine Mission zu erfüllen, um die rebellischen Gemeinden wieder an das Reich des Bescht zu binden.

Das hatte sogar der Bescht selbst versucht. Zweimal hatte er Sluzk und andere litauische Städte besucht. Er kam nicht nur mit leeren Händen zurück, sondern wurde auch mit Schmähungen überschüttet. Nach einer anderen Version sollte er sich vor den Ortsrabbinern einer Prüfung über die Talmudgesetze unterziehen. Sie stellten ihm die folgende einfache Frage: Muß ein Mann, der am ersten Tag des Monats vergessen hat, bei der *Amidat* den besonderen Segensspruch miteinzuschließen, das ganze Gebet wiederholen? Der Bescht weigerte sich zu antworten. Seine Gegner sagten: „Er wußte die Antwort nicht.“ Seine Jünger lachten: „Wie konnte er in einem so simplen Fall die Regel nicht kennen?“ Er verweigerte die Antwort aber, weil er die Prozedur als demütigend empfand. Offenbar zog sich der Bescht mit Humor aus der Affäre: „Warum wollt ihr eigentlich eine Antwort von mir. Ich habe doch das Zusatzgebet nicht vergessen, aber ihr, ihr werdet es vergessen, wenn ihr das Ganze wiederholt, wie ihr es schon beim ersten Mal vergessen habt."

Aus welchen Gründen auch immer, Litauen war von allen Provinzen von der Weichsel bis zu den Karpathen und noch weiter bis zum Dnjepr die einzige jüdische Gemeinde, die die Bewegung ablehnte. Im Gegensatz zu Galizien und Podolien war das litauische Judentum nicht nur auf seine berühmten Gelehrten stolz, sondern auch auf die Bildung des Durchschnittsjuden. In Litauen wohnten die Juden in Städten und nicht in gottverlassenen Nestern; jeder mußte die Thora lernen und im Rahmen der Gemeinde einer genau bestimmten sozialen Gruppe angehören. Der Umsicht des Gaon von Wilna war es zu verdanken, daß es kaum Ungebildete gab. Der Chassidismus hatte deshalb für die Menschen dort wenig Anziehungskraft, weil er kaum einem Bedürfnis entsprach.

Trotzdem oder gerade aus diesem Grunde übte diese Festung eine merkwürdige Faszination auf die Meister der Bewegung aus. Sie gaben den Kampf nicht auf, sie wurden nur noch verbissener. Trotz des Widerstandes gingen sie wieder hin, suchten die Konfrontation und die Kraftprobe. Rabbi Levi Itzhak von Berditschew war eine Zeitlang Rabbiner von Pinsk, ja sogar der Sohn des Bescht ging dorthin, als er Waise geworden war, um sich bei seinem Schwiegervater Schmuel Hassid niederzulassen, und blieb dort bis zu seinem Tode 1810. Der Sohn des Bescht in Pinsk! Wie konnte er überleben inmitten der fortdauernden Polemiken und wilden Kämpfe, die sich Anhänger und Gegner seines Vaters mit blindem und verblendetem Fanatismus lieferten? Überall wäre er mit den Ehren, die seinem Rang zustanden, empfangen worden, aber er wählte Pinsk. Warum gerade Pinsk? Um den Feinden seines Vaters zu zeigen, daß sie ihm keine Angst einflößten? Oder tat er es, um den Bewunderern des Maggid von Mesritsch, des neuen unbestrittenen Führers des Chassidismus, zu beweisen, daß er, der schmächtige Sohn dort Erfolg hatte, wo alle gescheitert waren? Oder aber, um den Chassidim zu sagen, daß ihre Auffassung vom Chassidismus zu einfältig und zu bequem geworden war? So leicht und modern es in Galizien war, dem chassidischen Weg zu folgen, so schwierig und gefährlich war es in Litauen. Dort war ein Akt des Glaubens und des Mutes erforderlich, und das wußten Rabbi Aaron und seine Freunde nur zu genau. Ihr Schicksal war alles andere als beneidenswert.

Die erste Einschüchterungs-, Verleumdungs- und Unterdrückungskampagne gegen die Dissidenten-Bewegung wurde im stolzen Litauen ausgebrütet und durchgeführt. Die Erinnerung an die unseligen Folgen, die die Ausbreitung der Lehren der beiden falschen Messias Sabbatai Tzevi und Jakob Frank im 17. und 18. Jahrhundert mit sich gebracht hatte, war noch lebendig. Auch sie hatten versucht, die Juden von allzu strengen Gesetzen zu befreien, auch sie hatten stärksten Wert gelegt auf die mystische Suche und die kollektive Freude als Weg zur Erlösung. Deshalb vermutete man hinter jeder Idee und jeder Erfahrung, die sich nicht unmittelbar aus einer genauen Befolgung der strengen *Halacha* entsprang, sofort eine Häresie.

Der Gaon von Wilna, der seit seinem dreizehnten Lebensjahr, seit seiner *Bar Mizwa,* wie ein Asket und Einsiedler inmitten seiner Bücher und Schriften lebte, betonte immer wieder, daß der Jude sein Judentum nur behaupten könne, wenn er ohne Ausnahme allen Geboten der Thora gehorche. Vor Maimonides als genialem Verfasser eines Gesetzbuches hatte er Respekt, nicht jedoch vor seinem philosophischen Werk. Für ihn waren die Gesetze erlassen worden, um ein für allemal eingehalten zu werden. Man durfte nicht versuchen, sie zu verstehen, noch weniger sie zu ändern. Was für Moses und Rabbi Akiba gut war, muß es auch für uns sein.

Und da kommt nun eine Gruppe und maßt sich an, das Gesetzbuch des Lebens und Verhaltens des einzelnen und der Gemeinschaft zu ändern! Da kommt eine Sekte, deren Führer es sich erlauben, die Bücher und Stunden des Gebets zu verändern und die Bedeutung des Talmudstudiums anzuzweifeln, indem sie behaupten, daß das Hersagen der Psalmen dasselbe Gewicht habe wie das Sich-Vertiefen in die Thora!

Beim Lesen der antichassidischen Dokumente und Pamphlete gewinnt man den Eindruck, daß es außer den Fragen der reinen Lehre auch noch sittliche Bedenken gab. Das Tun und Handeln der „Karliner" war dazu angetan, die nüchternen und strengen litauischen Rationalisten zu schockieren. Ihnen mißfiel der zu auffällige Exhibitionismus der Chassidim, die ihre Gebete hinausschrien, hin und her sprangen, an die Mauern und auf die Betpulte schlugen, um in Ekstase zu geraten. Außerdem trafen sie sich in Privathäusern, erzählten sich die unglaublichsten Geschichten und lernten volkstümliche Melodien, anstatt sich mit der Bibel zu befassen. Und was noch schlimmer war, sie tranken, zwar unregelmäßig, aber eben doch ein wenig zuviel. Die sogenannten ehrenwerten Leute fanden das alles sehr schändlich und sprachen von Gotteslästerung, vor allem als die „Sekte" hier und da kleine Erfolge verbuchen konnte, in erster Linie bei unzufriedenen Predigern und bei armen Schlachthausaufsehern. Die Festung hatte also auch ihre schwachen Stellen, und Risse zeigten sich. Ein Grund mehr für die Notabeln, Strenge walten zu lassen und zu versuchen, die anrollende Woge aufzuhalten.

Die Aufgabe war deshalb so schwierig, weil der Maggid von Mesritsch so klug gewesen war, seine besten Mitarbeiter nach Litauen zu entsenden.

Männer vom Format eines Rabbi Schneur-Salman von Ljady, des Gründers des *Habad,* gab es weit und breit nicht. Mit seinem Freund Rabbi Mendel von Witebsk lehrte er in Weißrußland, aber seine Ausstrahlung reichte bis Wilna. Als Talmudist, der seinesgleichen suchte, und als berühmter Kabbalist besaß er eine Anziehungskraft für die jungen, auf die Bewegung neugierig gewordenen Gelehrten. Ihn konnten nicht einmal seine ärgsten Feinde der Unwissenheit anklagen. Die Notabeln fühlten sich mit Recht bedroht und handelten.

Ein anderer Umstand sollte die Spannungen noch verschärfen. Um diese Zeit suchte nämlich eine Diphtherie die Stadt Wilna heim, der Hunderte von Kindern zum Opfer fielen. Wie üblich sah man darin eine Strafe, und eine Strafe ist die Folge einer Sünde. Wo steckten nun die Sünder? Sie waren leicht zu finden; es waren natürlich die Mitglieder dieser häretischen Gruppe, diese Chassidim. Sofort beschuldigte man sie der unglaublichsten Verbrechen. Da ihnen die Achtung vor dem Gaon fehlte, hatten sie auch vor seinem Wissen und also auch vor der Thora selbst keine Achtung. Sie mußten bestraft werden. Manche wurden öffentlich ausgepeitscht, andere aus der Stadt vertrieben. Die Zentren des Chassidismus wurden zerstört, ihre Leiter gedemütigt. Schließlich entschloß man sich, die Unterdrükkung noch weiter zu treiben, und schleuderte den Bannfluch über die Chassidim in ihrer Gesamtheit. Ihre Schriften wurden verbrannt, ihre Bücher zerrissen, alle Gemeinden, die nächsten und die entferntesten, wurden gegen sie mobilisiert. Sogar die Rabbiner von Amsterdam, Den Haag, Metz und Prag unterzeichneten einen diesbezüglichen Brief. Die erste feierliche Exkommunikation, beim Klang des *Schofar*, des Widderhorns, und beim Licht schwarzer Kerzen, wie es der Ritus erforderte, fand gleich nach Ostern 1772 statt; zahlreiche andere folgten in den großen Städten Litauens und Weißrußlands. Im Namen des Gaon von Wilna und anderer berühmter Gelehrter wurden die Ehen mit den „Sektierern" geächtet, wurde untersagt, an ihren Mahlzeiten teilzunehmen und Beziehungen mit ihnen zu unterhalten, auch keine geschäftlichen. Dieses Edikt wurde auf den Märkten und in allen Versammlungen verlesen. Das hieß Krieg und offener Kampf. Und Rabbi Aaron von Karlin geriet als einer der ersten unter Beschuß, er kämpfte in vorderster Linie.

Der Maggid von Mesritsch, der Rabbi Aaron sehr gern hatte, nannte ihn „Unsere Kampfwaffe". Mit seinem Mut und Scharfsinn gelang es ihm, die besten von den jungen Schülern an sich zu binden. Er behielt sie aber nicht bei sich, sondern schickte sie nach Mesritsch, damit sie dort ihr Wissen vervollkommneten und ihre Gefolgschaft anboten.

Eine chassidische Legende erzählt, wie er es fertigbrachte, Rabbi Hajim Hajkel von Amdur dazu zu bewegen, sich nach Mesritsch zu begeben.

Rabbi Hajim Hajkel, durch seine Frömmigkeit und Heiligkeit bekannt, lebte als Asket völlig zurückgezogen in einem wilden Walde, wo er durch Entsagung und Kasteiung nach Wahrheit und Vollkommenheit strebte.

Rabbi Aaron, der ein hervorragender Prediger war, ging jedoch nicht nach Amdur, um den Einsiedler in seiner Einsamkeit zu stören, sondern begnügte sich mit einer Predigt in der Synagoge. Die ganze Stadt sprach davon, und die Kunde drang sogar bis zu dem Heiligen im Walde, der seiner Neugierde nachgab und am folgenden Tag in die Stadt kam, um einer zweiten Predigt des Gastes zu lauschen. Die Synagoge war überfüllt; das Publikum erwartete ein neues rhetorisches Feuerwerk. Der Redner wußte, daß sich unter seinen Zuhörern der Mann befand, um dessentwillen er sich herbemüht hatte, und entschied sich deshalb in letzter Minute, die kürzeste Ansprache seines Lebens zu halten, die aus einem einzigen Satz bestand: „Wer sich nicht bessert, wird schlechter." Danach verließ er sofort wieder das Rednerpult. Die Leute waren sprachlos und trauten ihren Ohren nicht: Was war mit dem berühmten Redner los? Das sollte eine Rede sein, eine Predigt? Machte er sich über sie lustig? Sie erhoben Protest und gaben ihrer Enttäuschung lebhaften Ausdruck, bis sie plötzlich sahen, wie der heilige Rabbi Hajim Hajkel sich erhob und auf den Prediger zuging. Er schien tief erschüttert zu sein: „Helft mir!" flehte er. „Eure Worte haben mich zutiefst getroffen, sie zerreißen mir das Herz."

Die Umstehenden waren wie erstarrt, ohne zu begreifen, was sie da hörten. Sie sahen zwei Männer, die sich lange schweigend in die Augen schauten und dann gemeinsam hinausgingen. Als sie draußen waren, wandte sich Rabbi Hajim Hajkel an Rabbi Aaron:

„Ich möchte euch überallhin folgen."

„Wohlan", sagte Rabbi Aaron, „dann geht zum großen Maggid von Mesritsch."

Er versah ihn mit einem Empfehlungsschreiben, das der Maggid in seiner Gegenwart laut vorlas: „Der Überbringer dieses Briefes hat bis jetzt in der Lüge gelebt. Er hat die Heiligkeit gesucht, aber er hat sich von ihr losgesagt. Es ist kein Funke von Heiligkeit mehr in ihm." Rabbi Hajim Hajkel brach in Tränen aus. Als er sich ausgeweint hatte, sagte der Maggid zu ihm:

„Du wirst hierbleiben, ich nehme mich deiner an." Ein ganzes Jahr lang kümmerte sich der Maggid um ihn und Rabbi Hajim Hajkel wurde einer seiner eifrigsten Jünger und einer der besten Freunde des Rabbi Aaron von Karlin.

Wie alle seine Gefährten brachte Rabbi Aaron dem Meister absolute Treue und Ergebenheit entgegen. Er suchte seine Nähe, und besonders gern feierte er den Sabbat unter seinem Dach.

Freitags bei Anbruch der Dämmerung sprach er das Hohelied, wie es Brauch war, und mit seiner schönen

Baßstimme brachte er jedes Wort und jede Silbe zum Klingen.

Einmal unterbrach ihn der Diener des Maggid: „Singt bitte nicht so laut. Ihr stört unseren Rabbi, und das ist schon schlimm genug. Aber noch schlimmer ist, daß, um euch zuzuhören, sogar die Engel des Himmels ihren Gesang unterbrechen. Singt leiser, man darf die Engel nicht daran hindern zu singen." Eines Morgens, als er den Gottesdienst mit dem Gebet *Adon olam* begann und so Gott als den Herrn der Welt pries, begann er zu weinen:

„Es gibt zwei Möglichkeiten", murmelte er, „entweder ist das wahr oder nicht wahr, in beiden Fällen bin ich schuldig. Entweder ist es wahr, dann tue ich nicht genug, um Ihm zu dienen; oder es nicht wahr, dann liegt es an mir."

Ganz zu Beginn der Auseinandersetzungen sprachen die beiden verfeindeten Lager noch miteinander, und seine Gegner fragten ihn eines Tages:

„Ihr predigt über Mesritsch, ihr träumt von Mesritsch, ihr würdet am liebsten die ganze Welt nach Mesritsch schicken, aber was um Himmels willen habt ihr denn in Mesritsch gelernt?"

„Dort gelernt? Ich? Nichts!" erwiderte er.

„Nichts, aber warum geht ihr dann so häufig hin? Warum legt ihr solchen Wert darauf, immer wieder dorthin zu gehen, nur um nichts zu lernen?"

„Ich habe es euch gesagt", gab Rabbi Aaron zurück. „Ich habe in Mesritsch nichts gelernt. Genau gesagt, habe ich den Sinn des Wortes *nichts* gelernt – und das Geheimnis aller Worte. Hier ein Beispiel. Ich habe dort entdeckt, daß ich, Aaron, Sohn des Jaakob, nichts bin. Und doch existiere ich. Ich lebe, ich warte, ich bete, ich stelle mir Fragen und bete von neuem. Ist das nicht seltsam? Ich bin nichts und bin doch in dieser von Gott geschaffenen Welt ein Mensch unter Menschen. Ist es nicht seltsam, daß ich, obwohl ich doch nichts bin, imstande bin, euch zuzuhören, mit euch zu sprechen, mit Gott zu sprechen ... und das alles, bitte sehr, habe ich in Mesritsch gelernt."

Ein Freund und Mitschüler von ihm kam durch Karlin. Es war schon dunkel, und er kannte niemand. Die Häuser waren finster, aus den Herbergen drang kein Laut. Der Fremde wurde unruhig und fragte sich, wo er wohl die Nacht verbringen könne. Da kam ihm eine Idee: Ich habe doch einen Freund hier, warum soll ich nicht bei ihm anklopfen? Er mußte ihn ohnehin am andern Tag besuchen. Aber wie sollte er erfahren, wo er wohnte? Glücklicherweise sah der Fremde einen Passanten auf der Straße, hielt ihn an und bat ihn, ihm das Haus des Rabbi Aaron zu zeigen.

„Ganz einfach", antwortete der Passant. „Geh diesen Weg weiter und dann siehst du ein erleuchtetes Fenster. Dort ist es. Unser Rabbiner bleibt lange auf, er ist der einzige, der noch so spät wach ist.

Voller Ungeduld, seinen Freund wiederzusehen, beeilte sich der Fremde, fand auch das Haus, sah das erleuchtete Fenster und klopfte an:

„Aaron, Aaron, mach auf!"

„Wer ist da?" fragte eine Stimme aus dem Innern des Hauses.

„Ich bin's, ich. Ich komme von Mesritsch.

„Wer ist da?" fragte die Stimme wieder.

„Ich sage dir doch, ich bin's. Aaron, erkennst du meine Stimme nicht? Hast du die Tage und Nächte vergessen, die wir zusammen in Mesritsch verbracht haben?"

„Nein, ich habe nicht vergessen", sagte Rabbi Aaron. „Aber Gott allein kann sagen: ich. Und wenn du das vergessen oder noch nicht begriffen hast, dann hättest du Mesritsch nicht verlassen dürfen; du tätest gut daran, sofort dorthin zurückzukehren!"

Rabbi Schneur-Salman von Ljady erinnerte oft an eine der großen Tugenden Rabbi Aarons, an seine Gottesfurcht.

„Er lebte ständig in der Furcht des Herrn und liebte ihn dennoch von ganzem Herzen. Seine Furcht war vergleichbar mit der eines zum Tode Verurteilten. Dieser betrachtet die Gewehre, die ihn töten werden; er fürchtet sich hinzusehen, tut es aber trotzdem. Er schaut hin, um seine Furcht zu vergrößern und zu verstärken. Manchmal war das bei Rabbi Aaron der Fall, und dann war seine Furcht so, daß sie sich mit Worten kaum beschreiben läßt.

Aber diese Furcht erstickte nicht den Chassid in ihm, der von der Liebe zu Gott verzehrt wurde, nicht den Rabbi, der die Liebe zu Gott lehrte. Der Chassidismus strebte danach, die Furcht zu bekämpfen oder sie doch mit der Liebe zu verbinden. Das Neue bei ihm besteht darin, dem Menschen die verborgene Macht der Liebe zu offenbaren, die auf den Himmel und auf die Menschen gerichtet ist. Nach dem Bescht hüllt die Liebe alle Wesen ein. Wer Gott liebt, liebt seine Schöpfung, sein Gesetz, sein Volk. Wer sein Volk liebt, liebt alle Völker. Wer liebt, liebt Gott.

Vor dem Auftreten des Bescht kannte man nur wenige Wege, die den Menschen mit Gott verbinden. Es galt sich zu entscheiden für ein Leben als Asket oder in der Gemeinschaft; für die Geheimwissenschaften oder die mündliche, geoffenbarte Überlieferung, für die Furcht vor Gott oder für die Liebe zu ihm. Man mußte Stellung beziehen: mit Gott gegen die Menschen oder mit den Menschen gegen Gott. Der Bescht und seine Jünger strebten eine neue Synthese an: Es ist dem Menschen gegeben, auf mehr als einer Ebene zu leben, mehr als ein Verlangen zu stillen und auf mehr als einem Weg zur Wahrheit zu gelangen und sich von ihr führen zu lassen. Denn Gott ist in allen Menschen gegenwärtig, oder besser gesagt: Gott ist Gegenwart. Für alle, in allen und für immer.

Der Hirte, den ein Sonnenuntergang entzückt, das Kind, das einem Unbekannten ein Lächeln schenkt, und der Unbekannte, der ihm beglückt danke sagt, sonst nichts, nur dieses eine Wort: danke – das alles ist ein Zeichen. Das Auge Gottes ruht auf dem Auge des Hirten, des Kindes, des Unbekannten. Und darin liegt das Geheimnis aller Geheimnisse: der Schöpfer der dreihundertzehn Welten, die das Universum bilden, das grenzenlose und ewige Sein, der höchste König, der über das herrscht, was auftaucht, um wieder zu verschwinden, er hat das Herz des Menschen zu seiner bevorzugten Wohnstatt erwählt. „Und ihr werdet mir ein Heiligtum errichten, damit ich unter euch wohne." Dieser Vers der Bibel wurde in Karlin auf eine ganz unmittelbare und persönliche Art interpretiert: „Jeder von euch wird in sich selbst ein Heiligtum bauen, damit ich es bewohnen kann. Jeder Mensch ist ein lebendiges Heiligtum, ist Zeuge und Nachbar Gottes und Teilhaber Gottes."

„Am Ende der Zeiten", sagte Rabbi Aaron, „wird der Versucher nicht dafür bestraft werden, weil er versucht hat, den Menschen von seinem Königsweg abzubringen – das ist schließlich seine Aufgabe auf Erden –, er wird bestraft, weil er versucht hat, den Menschen davon zu überzeugen, daß er kein Königssohn ist. Denn der Mensch ist ein Königssohn. Gott ist König, der Mensch sein Priester, sein Ebenbild, sein Königskind. Der Mensch ist ein Heiligtum, und er darf es nur Gott öffnen." Und so drückte es Rabbi Mendel von Kozk aus: „Gott hat dort seinen Sitz, wo man ihn eintreten läßt. Sein Lieblingssitz ist weder ein Palast aus Gold oder Marmor, sondern das schwache und verwundbare Herz des Menschen, das Herz, das Schmerzen leidet und klagt – oder verstummt –, das liebt und fähig ist, zur gleichen Zeit zu schreien und zu schweigen, die Hoffnung zu verlieren und zu hoffen, zu lachen und zu weinen, die göttliche Gerechtigkeit zu fürchten und anzurufen, d. h., zu erkennen, daß Gott zur gleichen Zeit und aus den gleichen Gründen streng und barmherzig ist, nahe und fern, Vater und Richter ist. Gott zu fürchten, ohne ihn zu lieben, hieße zwischen beiden eine Mauer errichten oder einen Abgrund graben. Ihn zu lieben, ohne ihn zu fürchten, hieße ihn auf etwas Alltägliches und allzu Vertrautes reduzieren. Wir müssen danach trachten, Furcht und Liebe miteinander zu vereinen, die Freude und die Tränen, den Schrei und das Schweigen und keine Furcht vor Gott, sondern in Gott zu haben.

Und Furcht um Gott zu haben, Furcht nämlich, ihn zu verletzen, ihn zu betrüben.

Es ist die Frage, wo man den Akzent setzt. In der Schule von Pžycha war es die Liebe zur Thora, am Hofe zu Rižin die Liebe zu Israel und in Karlin die Liebe zu Gott, die sich durch Gottesfurcht ausdrückt. Das eine leugnet noch schließt es das andere aus; im Gegenteil, das eine ergänzt das andere und bereichert es.

So erweist es sich als wahr, daß zwischen einem Chassid aus Karlin und einem anderen, zwischen dem Zentrum von Karlin und dem gesamten Chassidismus kein substantieller Unterschied besteht. Ein Chassid aus Karlin tut nichts anderes als die andern auch, nur tut er es mit größerer Begeisterung, mit größerer innerer Glut.

In Karlin zählt die Inbrunst, jene Leidenschaft, die uns treibt, unter Lebensgefahr auf die höchsten Berge zu steigen, um auf dem Gipfel ein neues Lebensgefühl zu finden. Wo wir von heiligem Feuer verzehrt werden, brennen und fühlen, daß wir brennen, und nach mehr und mehr rufen. Man will völlig entbrennen, will selber Flamme oder doch eins mit ihr werden, will mit ihr zu den sichtbaren und unsichtbaren Höhen emporsteigen. Der Mensch vergißt, wer er ist, löst sich von seinem Ich, reißt das Bewußtsein aus dem Kerker, der es gefangenhält, wird Opfergabe.

Rabbi Uri von Strelitz, der „Seraph" des Chassidismus, ist aus dieser Schule hervorgegangen. Es heißt, daß er im Gebet so mächtig war, daß er alles erreichen konnte, was er für das Volk Israels erbat. Vor dem Gottesdienst ließ er alle Anliegen, die er dort oben vorbringen wollte, Revue passieren, aber sobald er zu beten anfing, entbrannte seine Seele, und in seiner Ekstase vergaß er, um was er eigentlich bitten wollte.

In Karlin hoffte man, innere Fülle durch Selbstvergessenheit zu erlangen. Durch das Schweigen und das Wort schuf man den Gesang, den *Niggun*. Er war in Karlin dominierend.

Die rationalistischen Gegner hatten dafür natürlich kein Ohr. Das Getöse mißfiel ihnen, die Gesänge und Tänze ärgerten sie. Sie hielten das Ganze für würdelos und vulgär. Nach ihrer Auffassung darf sich ein Jude niemals einfach seinen Gefühlen überlassen, ein Jude muß fähig sein, seine Sinne unter Kontrolle zu halten, und darf sich außerdem nicht vom Weg seiner Vorväter entfernen. Was für sie gut war, sollte es auch für uns sein; und die Alten haben nie ein Schauspiel aufgeführt. Es wäre allerdings falsch, die Zwistigkeiten auf abweichende Auffassungen in bezug auf Verhalten und Sitte zurückführen oder auf Unversöhnlichkeit zwischen den führenden Persönlichkeiten in beiden Lagern. In Wirklichkeit besteht ein grundsätzlicher Unterschied zwischen der litauischen und der chassidischen Auffassung; und sie ist genauso alt wie die Kontroversen zwischen den Schulen von Hammai und Hillel.

Im Grunde geht es um eine Frage, die so alt ist wie die Welt, um die Frage nach Weg und Ziel des Menschen. Für den traditionellen Talmudisten heißt das, den Geboten zu gehorchen, die Moses auf dem Sinai empfing; für den Kabbalisten, die heiligen Funken freizusetzen und sie wieder zu ihrer ursprünglichen Flamme werden zu lassen. Für den emanzipierten Juden bedeutet es, sich vom fremden Einfluß freizumachen, und für den Chassid, sich in den Plan Gottes einzufügen, in Gott Zuflucht zu suchen und ihm unsere Liebe darzubringen, die er heiligt und den Menschen in unendlich vielfältiger Form zurückgibt.

Wenn der Chassid so großen Wert legt auf Jubel, Feier und Freude in der Gemeinschaft, vor allem auf die alle erfassende völlige Ekstase, dann will er damit nicht bloß die eigene Traurigkeit überwinden, sondern auch auf Gott einwirken, will an seine Güte appellieren, seine Gnade, sein Bedürfnis nach Liebe und Erlösung. Der Maggid von Mesritsch sagte: „‚*Veda 'ma lema'la mimkha* – Wisse, was über dir ist' bedeutet: *Veda* – ‚wisse, daß, *ma lema'la* – das, was oberhalb ist', *mimkha* –, von dir kommt'". Wenn du barmherzig bist, wird Gott es auch sein. Wenn du liebst, wird auch Gott lieben, wenn du singst, wird Gott mit dir und in dir singen. *Asker bara elokim laassot* bedeutet in der Sprache der Chassidim: Gott hat die Welt erschaffen, aber es ist Aufgabe des Menschen, sie zu vollenden – so zu wirken, daß die Schöpfung ihre Rechtfertigung im Glück findet. Deshalb wird dieser Vers am Freitagabend bei Beginn des Sabbats als Symbol des Friedens in der Schöpfung wiederholt.

Welcher Unterschied besteht zwischen einem Chassid und seinem Gegner. Der eine liebt die Thora, während der andere den Menschen liebt, der die Thora liebt. Der Chassid legt den Akzent auf den sich ständig wandelnden Menschen, sein Widersacher interessiert sich nur für die Thora, die über allem Wandel steht. Für den litauischen Antichassid zählt nur die Tradition, für den Chassid nur das Engagement. Der eine findet sein Glück in den Texten, die er empfangen, der andere in den Menschen, denen er begegnet ist. Der eine sucht das Wissen, der andere die Erfahrung.

Es ist bezeichnend, daß der Gaon von Wilna, der von seinen Jüngern genauso bewundert und verehrt wurde wie im anderen Falle der Bescht, völlig allein und zurückgezogen lebte, während der Bescht immer in Gemeinschaft betete, studierte, lehrte und arbeitete. Ein Zusammenstoß zwischen beiden Richtungen war deshalb unausweichlich.

Einen gemeinsamen Feind hatten allerdings beide: die Aufklärung und die Emanzipation des Menschen. Denken wir daran, daß es die Zeit eines Moses Mendelssohn, eines Kant, eines Voltaire war. Die Religion war überall auf dem Rückzug. In Frankreich hatte die Revolution sie bereits für tot erklärt. Die Auswirkungen waren auch in der jüdischen Welt zu spüren. Junge Studenten wie Salomon Maimon verließen ihre Familie und gingen nach Berlin, Wien oder Heidelberg. Die neuen Gesetze zielten darauf ab, die Juden zu zwingen, moderner und liberaler zu werden. Eigentlich hätten die Chassidim und ihre traditionalistischen Feinde mit vereinten Kräften dagegen kämpfen müssen. Die von zwei Seiten angegriffene chassidische Bewegung leistete tapferen Widerstand, wobei der Ansturm der Traditionalisten heftiger war als der Krieg der Emanzipierten. Ganz besonders in Litauen zeigte sich das Lager des Gaon unerbittlich. Die Befehle des Gaon von Wilna waren klar und unmißverständlich, sie zielten darauf ab, den Chassidismus auszurotten. Es genügte ihm nicht, daß die Anhänger sich bedingungslos ergaben. Es fehlte nicht viel, und die chassidische Minorität in Litauen wäre völlig machtlos geworden.

Die Verfolgungen, die noch vor dem Tode Rabbi Aarons begonnen hatten, nahmen gleich nach seinem Tode zu.

Sein Sohn Rabbi Ascher war zu jung, um die Nachfolge anzutreten, er überließ die Ehre einem Freund und Jünger seines Vaters, Rabbi Schlomo. Auch der wollte die Krone ablehnen.

„Ich bin unwürdig", sagte er, „früher war es leichter, die Menschen hatten damals noch einen angeborenen Sinn für Größe, den sie heute nicht mehr haben."

Wie die andern großen Meister wurde er gezwungenermaßen Rabbi. Aber er blieb ein demütiger Mensch. Er sagte: „Ich möchte den besten Gerechten ebenso aufrichtig lieben können, wie Gott den schlimmsten Sünder liebt."

Ein anderes Mal bemerkte er: „Einst kamen die Menschen, um mir ihre Sünden anzuvertrauen, und verschwiegen mir ihre guten Taten, heute ist es umgekehrt. Wie die Zeiten sich geändert haben!"

In seiner Bescheidenheit war er überzeugt, daß er für diesen Zustand verantwortlich sei und deshalb direkt in die Hölle fahren würde. Es wird erzählt, daß seine Seele nach seinem Tode von Engeln in Empfang genommen wurde, die ihm den Willkommensgruß entboten und ihn einluden, ihnen ins Paradies zu folgen. Er weigerte sich daran zu glauben:

„Ihr macht euch lustig über mich! Ich weiß genau, daß mein Platz in der Hölle ist!"

Die Schechina höchstpersönlich mußte ihm bis zum Paradies das Geleit geben.

Doch zu seinen Lebzeiten durchlitt er die Hölle. Die Gegner des Chassidismus verbannten ihn aus der Gesellschaft und verjagten ihn schließlich aus Karlin. Er ließ sich 1792 in Ludmir nieder und starb dort als Märtyrer. Wenn man der Legende Glauben schenkt, geschah es während des Schawuot, des jüdischen Pfingstfestes. Die Kosaken waren in die Stadt eingedrungen und fingen an zu plündern. Einer von ihnen drang in die Betschul ein, wo Rabbi Schlomo gerade betete. Der Kosak schrie ihn an, aber der Meister, im Gebet versunken, hörte ihn gar nicht. Er wandte sich an Gott und konnte dabei nicht einem Mörder Gehör schenken. Der durchbohrte ihn mit seinem Degen, und Rabbi Schlomo starb, ohne sein Gebet zu unterbrechen. Inzwischen war Rabbi Ascher erwachsen geworden und gelangte auf den Thron seines Vaters. Er hatte den brennenden Wunsch, nach Karlin zurückzukehren, aber die Opposition der Traditionalisten hinderte ihn daran. Deshalb ging er nach Stolin, ebenfalls in der Gegend von Pinsk gelegen, und gründete dort eine neue Gruppe der „Karliner". Sein Sohn, der zweite Rabbi Aaron, konnte später, fünfzig Jahre nach dem Tod seines Großvaters, nach Karlin zurückkommen, das durch ihn zu einem großen und äußerst dynamischen Zentrum wurde. Aus ganz Litauen eilten die Juden zu diesem jungen Rabbi, der eine charismatische Persönlichkeit war und es wie sein Großvater verstanden hatte, die Schule von Karlin zu formen und auszubauen.

Ganz auf der Linie des ersten Rabbi Aaron predigte er die Tugenden der Liebe zu Gott, der Furcht vor dem Himmel und der Liebe zu Israel, führte aber auch Neuerungen ein. So entwickelte er in Karlin einen Lebensstil, der an das glanzvolle Konzept von Rižin denken ließ und den Glanz des vergangenen Königtums Israel beschwor. Wie die Rižiner legte Rabbi Aaron der Zweite großen Wert auf äußeres Gepränge. Zwei Orchester, die zu einem Hof gehörten, spielten während der Mahlzeiten am Samstagabend und an den Tagen zwischen den Hochfesten. Diese übertriebene Lebensweise lieferte seinen Gegnern immer neue Munition, aber die ganze Bewegung war damals ohnehin Zielscheibe von immer heftiger werdenden Angriffen.

Von Brody bis Wilna, von Minsk bis Metz ließen die Feinde des Chassidismus – die *mitnagdim* – in aller Öffentlichkeit Schriftstücke verlesen, die die „neue Sekte" denunzierten und ihre Beseitigung forderten. In Litauen hob man dabei in erster Linie auf die Geringschätzung des Studiums ab, in Galizien sprach man ganz klar von Häresie. Überall wurde die Auflösung ihrer Versammlungshäuser angeordnet, man bestritt die Gültigkeit ihrer Art zu schächten, ihre Gebetsorte wurden geschlossen, ja es war den Chassidim sogar verboten, die Stadt zu verlassen, um ihren Rabbi zu besuchen. Wer aus geschäftlichen oder familiären Gründen eine Reise plante, mußte sich eine Sondergenehmigung besorgen, die von einem der Notabeln ausgestellt wurde. Sie waren gezwungen, in die Gemeindesynagoge zu kommen, um sich die ganze Liste dieser Beschlüsse anzuhören. Die Chassidim mußten auch ständig auf der Hut sein vor Spionen, die die Notabeln auf sie angesetzt hatten. In Brody wurde sogar beschlossen, daß jeder, der den weißen Rock der Chassidim trug, notfalls auf offener Straße entkleidet werden durfte.

Aber die Chassidim ließen es nicht an Gegenreaktionen fehlen. Sie zahlten Schlag um Schlag zurück. Sie engagierten eigene Spione und veröffentlichten eigene Verbote in einer Sprache, die an Direktheit und Rücksichtslosigkeit der ihrer Gegner in nichts nachstand. Sie gingen sogar noch weiter. So heuerten sie einen Mann an, der durch Galizien und Podolien zog, sich überall als Sohn des Gaon von Wilna ausgab und behauptete, sein Vater habe ihm befohlen, sein Heim zu verlassen, ins Exil zu gehen und von Ort zu Ort zu irren, um für die Fehler zu büßen, die man den Chassidim gegenüber begangen habe. Die Wut der Mitnagdim darüber kann man sich leicht vorstellen.

Heute kommen uns diese Streitereien völlig sinnlos und geradezu kindisch vor. Warum verfolgen die Juden sich gegenseitig, wenn der gemeinsame Feind das viel besser besorgt? Aber religiöse Leidenschaften entziehen sich jeder Logik. Im Vergleich mit den Juden von damals sind wir heute einfach lau, und für einen Chassid gab es nichts Schlimmeres als Lauheit.

Der große Rabbi Aaron hätte sich vom Kampffeld zurückziehen und sich nach Mesritsch oder anderswohin begeben können, in eine Gemeinde, die ihn liebte und bewunderte. Aber er lehnte den leichten Weg ab, er fürchtete keine Schwierigkeiten: denn nur Gott flößte ihm Furcht ein – und Gott liebte er. Die Menschen griff er voll Kühnheit und ohne Furcht vor ihren Fallstricken an. In Karlin lehrte man, daß der Mensch nur seinesgleichen zu fürchten habe; in Karlin lebte man beständig in der Furcht Gottes, oder genauer gesagt: man hatte Furcht, Gott eine unvollkommene Liebe entgegenzubringen oder eine Liebe, die nicht rein genug war. In Karlin gehörten Furcht und Liebe zusammen. Das alles ist, wie bereits erwähnt, bekannt und in den Annalen festgehalten. Doch woran ist Rabbi Aaron gestorben, und warum ist er so jung gestorben?

Die chassidische Legende bietet mehrere Hypothesen an, wie wir jetzt hören wollen. Es war im Monat Nissan 1772. In Mesritsch wurde das Passahfest vorbereitet. Die Häuser wurden gesäubert, die Bücher entstaubt und die Wände gewaschen. Die Luft roch nach ungesäuertem Brot.

Von überall waren die engsten Freunde des Maggid gekommen und wollten an der Seite des Meisters bleiben, denn es war eine Auszeichnung, ihm zuzuhören, wenn er die ewige Geschichte vom Auszug aus Ägypten erzählte und kommentierte. Nur Rabbi Aaron brannte vor Ungeduld, nach Hause zurückzukehren, wo ihn Frau und Kinder und seine Freunde erwarteten. Bevor er fortging, verabschiedete er sich vom Maggid. Doch kaum hatte er dessen Hof verlassen, als dieser seine Schüler anwies, ihn zurückzuholen:

„Schnell, geht und sagt ihm, daß er nicht fortgehen

soll! Laßt nichts unversucht, ihn daran zu hindern, von hier fortzugehen!"

Ohne weitere Erklärungen abzuwarten, eilten sie zur Herberge, wo sie ihn beim Packen trafen.

„Reise nicht ab! Um der Liebe des Himmels willen, geh nicht fort. Der Maggid will nicht, daß du fortgehst!

Völlig verständnislos hörte er ihnen zu und stürzte zum Maggid herein:

„Man sagt mir, daß ihr mir nicht erlaubt, nach Hause zurückzukehren. Stimmt das? Ich habe den dringenden Wunsch, das Passahfest mit den Meinen zu feiern."

„Gut", sagte der Maggid, „wenn du darauf bestehst. Gott möge dich schützen."

Beruhigt ging Rabbi Aaron zur Herberge zurück. Kaum war er gegangen, befahl der Maggid seinen Schülern von neuem, alles zu versuchen, um ihn an der Abreise zu hindern. Zum zweitenmal flehten sie ihn an, bei ihnen zu bleiben:

„Der heilige Maggid selbst bittet dich darum!"

„Es ist unmöglich", sagte Rabbi Aaron. „Ich habe ihn zweimal gesehen, und zweimal hat er mir seinen Segen gegeben."

Er reiste also ab, kehrte heim und feierte den Seder bei seiner Familie. Zwei Tage später war er tot.

Als der Maggid davon erfuhr, brach er in Tränen aus: „Er ist fort, was werden wir nun tun hier unten?"

Seine Schüler wollten wissen, warum der Meister nicht von seiner Autorität Gebrauch gemacht habe, um ihn zurückzuhalten. Er erwiderte ihnen: „Bisweilen werden uns Kräfte verliehen, aber es ist uns untersagt, uns ihrer zu bedienen."

Wäre Rabbi Aaron in Mesritsch unter dem Schutz seines Meisters geblieben, hätte er dann länger gelebt? Wäre sein Tod dann auf einen späteren Zeitpunkt verschoben worden? War sein Tod nicht unwiderruflich und also nicht notwendig und natürlich?

Ich gebe zu, es nicht zu wissen und nicht zu verstehen. Ich liebe Rabbi Aaron von Karlin, und sein zu früher Tod betrübt mich ebenso, wie er mir unerklärlich bleibt. Es liegt darin etwas Seltsames, Dunkles und Geheimnisvolles.

Auf dem Sterbebett sagte Rabbi Pinchas von Korez, Rabbi Aaron habe eine Dummheit begangen, sonst müsse er noch am Leben sein. Ist das möglich oder glaubhaft?

In Mesritsch hatte man diese Erklärung bereit: Die Gottesfurcht hat ihn verzehrt, oder auch: Er war zu stark für seine Generation; wenn er einen Menschen ansprach, war sein Einfluß so stark, daß er dem andern seinen freien Willen raubte, das machte die Engel eifersüchtig, die deshalb Gott bewogen, ihn vorzeitig abzuberufen.

Sein Nachfolger, Rabbi Schlomo, erklärte: „Wie Enoch ist er mitten im Leben während des Gebets zum Himmel emporgestiegen, wie ein Gebet ist er zur andern Welt emporgestiegen."

Das ist alles sehr schön und rührend, aber ich würde lieber erfahren, woran er gestorben ist. War er krank? Eine Legende berichtet, er habe sich in Mesritsch einmal so schwach gefühlt, daß er einschlief und erst einen Tag und eine Nacht später wieder aufwachte. Der Maggid hatte verboten ihn zu wecken. Woher rührte diese Schwäche?

In seinen Schriften stößt man häufig auf Anspielungen, die sich darauf beziehen, wie die Traurigkeit zu vertreiben sei. Will das besagen, daß auch er, darin den andern großen Meistern gleich, an Schwermut litt?

Seine Jünger erzählen, daß er eines Abends in der Betschule auftauchte, wo er seine Schüler den Tränen nahe fand. Einige beteten ohne Inbrunst, andere überhaupt nicht, manche lernten, ohne sich konzentrieren zu können, und andere wiederum lernten überhaupt nicht. Eine ganze Weile betrachtete er sie schweigend, dann stützte er sich auf den Tisch und begann zu reden, wobei er jedes Wort betonte:

„O Kinder, meine Kinder, wisset, daß die Freude euch zu schwindelnden Höhen emportragen kann, und wisset auch, daß die Traurigkeit imstande ist, euch in die Tiefen des Abgrunds zu ziehen."

Bei anderen verstand er die Schwermut zu vertreiben. Aber gelang ihm das nicht bei sich selber?

Ich frage mich, ob die Verfolgungen, denen er ausgesetzt war, sich nicht auf seine Gesundheit ausgewirkt haben, ob sie nicht für seine Krankheit und seinen Tod mitverantwortlich waren.

Er dachte oft an den Tod und bereitete sich darauf vor. In seinen Leitfaden der Moralvorschriften spricht er häufig von der Einsamkeit und gibt dem Chassid den Rat, sich täglich eine Stunde zurückzuziehen und eine Gewissenserforschung anzustellen, und täglich eine Stunde einem Freund zu widmen, dem er sich anvertrauen könne. Und in seinem Testament stand, daß er keine Leichenrede wünschte und kein anderes Grab neben seinem eigenen; er wollte allein sein.

Dieses Testament hatte er in seinem Todesjahr eigenhändig niedergeschrieben.

Was ist heute von Karlin geblieben? Die Nachkommen des großen Rabbi Aaron kamen fast alle im Nazisturm um. Nur die überlebten, denen es vor dem Kriege gelungen war, nach Palästina oder Amerika zu flüchten. Rabbi Arele starb in Warschau, Rabbi Mosche in Stolin, Rabbi Elimelech in Karlin.

In Zeev Rabinowitschs Werk über das Schicksal von Karlin ist über das Ende von Rabbi Mosche am 29. Tag des Monats Ellul im Jahre 1942 folgendes zu lesen:

„Vor dem Abtransport habe ich den Rabbi das letzte Mal gesehen. Das Getto war finster, wir fühlten das Ende nahe. Wir begaben uns zum Rabbi. Es war Mitternacht; und auch dort war alles finster. Die Rebbezin und ihre Schwiegertochter weinten. Im Nebenzimmer beteten mit leiser Stimme der Rabbi und einige Chassidim, sie hatten ihren Gebetsschal umgelegt. Der älteste Sohn des Rabbi saß neben seinem Vater. Plötzlich erhob sich der Rabbi, öffnete den heiligen Schrein und begann den *Widdui,* das Sündenbekenntnis, zu sprechen, das man vor dem Tode ablegt. Mittendrin hörte er auf und schluchzte: ‚Vater, unser Vater! König, unser König, habe Erbarmen mit deinen Kindern.' Der nächste Tag brachte das Ende von Stolin. Alle Juden wurden deportiert mit Ausnahme des Rabbi und seiner Familie. Sie blieben zusammen in diesem Zimmer. Dann brach dort Feuer aus, und alle verbrannten lebendigen Leibes."

Ein anderer Nachkomme, Rabbi Schlomo, lebte in Baranowitsch. Vor dem Passahfest 1941 schrieb er einen Brief an seine Getreuen in Palästina: „Meine geliebten Freunde – mit Gottes Hilfe ... Es gibt nichts zu sagen, und der Weise darf nichts sagen. Aber ich sage euch, daß die, die Gott anrufen, nicht schweigen werden. Schweigt nicht. Erlaubt auch Ihm nicht zu schweigen!"

Trotzdem gibt es in Jerusalem, in Amerika und anderswo Chassidim aus Karlin. Sie sind Zeugen dafür, daß die Mörder nicht den Endsieg davongetragen haben. Geht nach Brooklyn, geht nach Jerusalem, ihr werdet die Chassidim von Karlin sehen, ihr werdet hören, wie sie bis zur Ekstase singen. Am Sabbat werdet ihr hören, wie sie ein erschütterndes Lied wiederholen, das vom „Großen Rabbi Aaron" stammt und von Zärtlichkeit und Heimweh kündet. Heimweh nach wem und wonach? Nach dem Sabbat, nach Gott, nach der Liebe, nach dem Heil. Ist Rabbi Aaron vor Liebe gestorben, vor Heimweh? Ich möchte es wissen. Ich habe ein Bedürfnis danach.

Rabbi Wolf von Sbarasch
oder
die chassidische

Demut

Warum hat er sich eines schönen Tages entschlossen, mit Europa zu brechen und sich im Heiligen Land niederzulassen? Was hat ihn dazu bewogen, die vertraute Gegend von Sbarasch zu verlassen? Und warum liegt ein solches Schweigen über dieser Zeit in Palästina?

Aber gibt es ihn denn wirklich? Existiert er nicht nur in den Geschichten, die über ihn erzählt werden? Steckt wirklich ein Mensch, ein lebendes Wesen hinter dem Namen und hinter der Legende. Man muß sich diese Frage stellen, sie ist durchaus berechtigt, so blaß und unscharf erscheint uns die Gestalt; aus seinem Leben ist kein Drama, keine Bedrohung, keine unheilbringende Verstrickung bekannt. Ohne die Bewunderung, die seine Jünger ihm entgegenbringen, nähme niemand Notiz von ihm. Aber wie ist diese Bewunderung zu erklären, wie seine Popularität? Wenn man nicht ernsthaft nach ihm sucht, wird man ihm kaum begegnen; denn er hält sich gern versteckt, scheint im Schatten seines Schattens zu leben. Aber dieser Schatten brennt, und es zieht uns unwillkürlich zu ihm hin, damit wir uns an seinem Feuer, an seiner Menschlichkeit erwärmen.

Eines Tages ist Rabbi Wolf von Sbarasch zu einer Beschneidung in einem weit entfernten Dorf eingeladen. Damals schienen für die Juden wohl alle Orte weit entfernt zu sein, sogar der eigene Wohnort.

Niemand lehnt eine solche im Namen Abrahams ergangene Einladung ab. Aber es ist kalt, die Straßen sind vereist. Rabbi Wolf macht das nichts aus. Er spürt auch den beißenden Wind in seinem Gesicht nicht; denn sein Geist weilt woanders.

Der Schlitten gleitet langsam durch den Schnee, das Pferd wiehert, der Kutscher atmet schwer, und Rabbi Wolf hat Mitleid mit Mensch und Tier, aber es ist nichts zu machen, er muß seinen Weg fortsetzen, er wird erwartet. Endlich erreichen sie das Gasthaus, wo sofort die Feier beginnt. Der Vater spricht das traditionelle Gebet, der Beschneider vollzieht den überlieferten Brauch, und die Gäste versammeln sich um den Tisch, um die heilige Gemeinschaft zu feiern und den neuen Juden, der ihr jetzt angehört. Es wird gesungen, getanzt, Glückwünsche werden ausgetauscht, und niemand merkt, daß Rabbi Wolf auf einmal verschwunden ist. Der Meister ist in den Hof hinausgegangen, um nach seinem Kutscher zu sehen:

„Du frierst und hast Hunger. Komm herein. Iß und trink; denn das kannst du jetzt brauchen."

„Aber das Pferd? Wer kümmert sich um das Pferd?"

„Ich", sagt der Rabbi.

„Ihr?" ruft der Kutscher, „unmöglich! Das kann ich nicht zulassen!"

„Doch, aber doch; du kannst mir vertrauen. Ich verstehe etwas von Pferden."

„Aber das ist Euer nicht würdig, Rabbi.“

„Nicht würdig? Warum nicht würdig? Wenn der Schöpfer der Welt über die Pferde wacht, warum sollte ich es dann nicht tun? Bin ich etwa vornehmer als Er?“

Einem solchen Argument kann der Kutscher nicht widersprechen und nur noch in den Gasthof gehen. Man reicht ihm ein Glas, er schüttet es hinunter, trinkt ein zweites und noch ein drittes. Niemand bemerkt das Fehlen Rabbi Wolfs. Eine Stunde vergeht, es wird Abend. Einige Gäste brechen auf. Und siehe da, im Hof stoßen sie bei den Pferden auf einen Mann, der immerfort die Arme übereinander schlägt, um nicht ganz und gar zu erfrieren. Sie erkennen ihn und stoßen einen Entsetzensschrei aus:

„Ihr seid es, Rabbi? Ihr bewacht unsere Pferde?“

Er wundert sich über ihr Entsetzen:

Was ist schon Schlimmes dabei, wenn sich einer um arme, müde Pferde kümmert?“

Diese Anekdote ist in doppelter Hinsicht aufschlußreich. Als Jude und Mensch dachte Rabbi Wolf von Sbarasch, er müsse seinen Platz mit einem einfachen Kutscher tauschen, und andererseits akzeptierte der Kutscher diesen Tausch – allem anfänglichen Protest zum Trotz.

Fügen wir gleich hinzu, daß das zweite Faktum bezeichnender ist als das erste. Verständlich, daß ein Meister nicht viel Aufhebens von sich macht, aber seine Bewunderer tun es um so mehr! Schließlich hatten sie ihn eingeladen, weil sie auf seine Teilnahme Wert legten. Nach Abraham und dem Propheten Elias, die bei jeder Beschneidung unsichtbar anwesend sind, war Rabbi Wolf der Ehrengast! Hatten sie ihn nicht von weither kommen lassen? Hatten sie ihn nicht mit Ungeduld erwartet? Trotzdem hatten sie ihn nach dem ersten Glas vergessen. Offensichtlich konnten sie ihn durchaus entbehren, denn sie fanden es ganz natürlich, daß er nicht im Mittelpunkt ihrer Festfreude stand, daß sie seinen Worten und Gesten nicht folgen und nicht mit ihm und für ihn singen mußten.

Rabbi Wolf von Sbarasch war ein Meister wie alle anderen. Das wird natürlich – und nicht ohne Grund – von jedem Meister behauptet. Doch Rabbi Wolf hat etwas, das die andern nicht besitzen.

Die andern sind bescheiden oder wollen es zumindest sein, aber man gestattet es ihnen nicht. Sogar das trifft bei ihm nicht zu. Die andern fliehen die Ehren, die man ihnen erweist, er merkt nicht einmal, daß sie ihm angetragen werden. Für ihn wäre ein Kampf gegen den Hochmut nur verlorene Zeit. Er und hochmütig! Er weiß nicht, daß es Hochmut überhaupt gibt.

Für seine Jünger ist er mehr als ein geistlicher Führer, er ist wie ihr Bruder. Ein Bruder, der nichts fordert, nichts beansprucht, nichts verspricht, der aber gibt, indem er sich selber gibt, der mehr zuhört als spricht, der sich sofort zurückzieht, wenn er nicht mehr gebraucht wird, – oder sich bereits vorher zurückgezogen hat. Wir wollen hier nicht von seinem Wissen, von seinen verborgenen Tugenden, von seiner chassidischen Inbrunst reden, darauf kommen wir später zurück. Wir wollen jetzt vielmehr von seiner Lauterkeit und Unschuld sprechen. Bei ihm sind diese beiden Tugenden echt, sie verstellen nicht sein Wesen, sondern spiegeln es wider.

Hier eine andere Geschichte von ihm:

Eines Tages hört Rabbi Wolf von Sbarasch kreischende Stimmen aus der Küche dringen. Er schließt das Buch, das er gerade liest, und sieht nach. Er hat ganz richtig gehört, seine Frau streitet sich mit dem Dienstmädchen.

„Sie hat einen Teller zerbrochen", erklärt die aufgebrachte Gattin.

„Das war Pech, ein reiner Zufall", beklagt sich das Mädchen.

„Nein, sie hat es mit Absicht getan, ich werde ihr den Teller vom Lohn abziehen!"

„Dann werde ich mich beim rabbinischen Gericht beschweren."

„Geh doch gleich hin! Worauf wartest du noch?"

Das Dienstmädchen wendet sich zur Tür: „In Ordnung", sagt sie, „ich gehe hin."

„Ich auch", sagt die Frau des Rabbi.

„Und ich auch", sagt da ihr Mann.

„Du?" fragt die Frau. „Dich brauche ich dort nicht. Ich komme schon allein zurecht."

„Du schon, aber sie nicht. Du bist die Frau eines Rabbiners, sie ist nur ein armes Dienstmädchen; sie braucht jemanden, der ihr rät und beisteht."

Das ist typisch für ihn. Immer auf seiten des Armen, immer bereit, das Opfer zu verteidigen, sogar gegen die eigene Frau, sogar wenn er dafür sein Studium unterbrechen muß. Er weiß, daß in unserer unvollkommenen Welt die Armen ärmer sind, als man sich vorstellt, und daß die Richter mehr Verständnis für die Frau eines Rabbiners haben als für ihr Dienstmädchen. Rabbi Wolf von Sbarasch kennt das Leben und kennt die Natur der Menschen. Er macht sich keine Illusionen über ihre Gerechtigkeit und Güte und ist trotzdem naiv wie ein Kind, ist die kindliche Einfalt selbst. Fehlt es ihm an Tiefe? Ein Mensch kann gleichzeitig naiv und tiefgründig sein, aber wie kann er gleichzeitig Rabbi, d. h. Lehrer, Deuter, und Kind sein, also kindlich. Rabbi Wolf konnte zugleich kindlich und Rabbi sein. Dieser Rabbi Wolf unterscheidet sich tatsächlich von den andern. Er ist kein Meister, der eine gute Figur macht, kein Rabbi, dem man den Rabbi sofort ansieht, sondern ist ein großes Kind, das sich in die Schöpfung verirrt hat und, ohne es zu wissen, die chassidische Welt erleuchtet.

Hier noch eine Geschichte:

Einmal befindet sich Rabbi Wolf von Sbarasch auf

Reisen, um einen Kranken zu besuchen und eine Heirat zwischen zwei Waisen in die Wege zu leiten. Niemand weiß, worüber er nachdenkt. Seinen Begleitern ist bekannt, daß er sich auch beim größten Lärm konzentrieren kann, daß er eine geradezu unerhörte Konzentrationsfähigkeit besitzt, und wagen deshalb nicht, ihn zu stören. Da nähert sich ein Schüler und bittet ihn um Hilfe, denn er ist völlig mittellos, er besitzt weder ein Bett noch weiß er, was er essen soll. Ohne Zögern greift Rabbi Wolf in die Tasche und zieht ein großes Silberstück heraus. Er reicht es ihm, besinnt sich dann aber eines Besseren, steckt die Münze wieder ein und holt dafür eine andere, kleinere heraus.

„Nimm sie", sagt er zu dem Schüler. „Aber du machst gar kein zufriedenes Gesicht?"

„Doch, Rabbi, nur eines verstehe ich nicht."

„Was verstehst du nicht?"

„Warum seid ihr plötzlich anderen Sinnes geworden?"

„Um dir beizubringen, junger Freund, daß ein Bursche deines Alters sich nicht schämen muß, etwas zu empfangen. Aber das ist noch nicht alles. Ich wollte dich auch noch etwas anderes lehren, daß nämlich ein junger Mann in deinem Alter sich nicht allzusehr auf Wunder verlassen darf." Der Schüler errötet, senkt die Stirn und geht in Gedanken versunken fort. Rabbi Wolf ruft ihn zurück:

„Woran denkst du?"

„Ich denke, Rabbi, daß ihr mir soeben einen Weg gezeigt habt, der zu Gott führt. Man darf sich weder schämen noch auf Wunder warten." „Dieser Weg", sagt Rabbi Wolf von Sbarasch, „führt in der Tat zu Gott."

Der Schüler sollte zu einem seiner engsten Jünger werden.

Und was lernen wir aus dieser Anekdote? Daß Rabbi Wolf von Sbarasch ab und zu Geld in der Tasche hatte und daß er ab und zu auch einen gewissen praktischen Sinn besaß. Ferner, daß er ein guter Erzieher mit einer eigenen pädagogischen Methode sein konnte und daß er Jünger und Schüler hatte, die an ihn glaubten und in ihm einen Gerechten, einen Meister erkannten. Trotz seiner Demut – oder gerade deswegen? Die Chronik verzeichnet nur diese Tugend, alles andere bleibt Geheimnis; seine ganze Existenz scheint geheimnisumwittert zu sein.

Sein genaues Geburtsdatum ist nicht bekannt, sein Geburtsort ist nicht klar. Er wurde im 18. Jahrhundert irgendwo in der Ukraine geboren. Das ist alles. Ob so viele Lücken und Ungenauigkeiten das Irreale dieser Gestalt zeigen sollen?

Was seine Biographie angeht, so ist bekannt, daß er der Sohn des Rabbi Jechiel Michal von Slotschew und Enkel von Rabbi Itzhak von Drobowitsch war, dem Gegner und späteren Anhänger des Bescht.

Rabbi Wolf hatte vier Brüder, die alle Rabbiner wurden. In seiner Jugend vertrödelte er seine Zeit, ging spazieren, spielte, lauschte dem Rauschen des Windes in den Zweigen und beobachtete den Flug der Vögel, mit einem Wort, er war ein rechter Nichtsnutz, den sein Vater nicht an Zucht und Ordnung gewöhnen konnte, bis der Tag seiner Bar Mizwa kam. Bevor ihm sein von einem namhaften Schreiber vorbereiteter Gebetsriemen umgelegt wurde, prüfte sein Vater diesen mit äußerster Sorgfalt, las die beiden Pergamente, legte sie in ihre viereckigen Kästchen zurück und fing plötzlich an zu weinen. Seine Tränen benetzten das Pergament. Wolf war mit einem Schlag wie verwandelt, von Stunde an war er ein anderer. Die Tränen des Vaters erreichten, was seine Ermahnungen nicht vermocht hatten.

Der Vater von Rabbi Wolf, Rabbi Jechiel Michal, enger Freund des Bescht und des Großen Maggid, ist eine faszinierende Gestalt. Er war streng und doch voller

Güte und pflegte zu sagen, er wolle sich mit den Großen verbinden, um sich zu ihnen zu erheben, und mit den Kleinen, um sie an sich zu ziehen.

Damit wollte er zum Ausdruck bringen, daß kein Mensch der Erste und keiner der Letzte ist. Ein gemeinsames Band verbindet alle. Wer nur nach einer Seite zieht, erreicht das Gegenteil. Wer die Demut übertreibt, läuft Gefahr, selbstgefällig oder völlig untätig zu werden. Es gibt Fälle, da hindert die Bescheidenheit uns daran, den Mund aufzumachen, anderen Hilfe zu bringen oder sogar die Wahrheit zu sagen.

Eines Morgens kommt Rabbi Jechiel Michal verspätet zum Gottesdienst. Die Versammelten warten ungeduldig darauf, daß er endlich anfängt, aber er ist noch nicht fertig. Das Schweigen dehnt sich endlos, bis schließlich ein angesehener Mann nach vorn geht und ihm sagt:

„Entschuldigt bitte, Rabbi, aber ..."

„Was aber?"

„Ihr seid zu spät gekommen, sicher habt ihr viel Arbeit. Wie könnten wir es wagen, darüber zu urteilen. Aber jetzt seid ihr da, warum müssen wir da noch warten?"

Der Rabbi blickt ihn durchdringend an und nimmt ihn nun seinerseits ins Verhör: „Ihr habt in dieser Versammlung das Wort ergriffen: warum und mit welchem Recht? Solltet Ihr etwa klüger sein als die anderen?"

„Keinesfalls."

„Vielleicht frömmer?"

„Auch das nicht."

„Nur weil Ihr reicher seid als die andern, weil Ihr 50000 Rubel besitzt, habt Ihr die Kühnheit, mir Vorhaltungen zu machen? Stimmt's? Und Ihr möchtet, daß ich den 50000 Rubeln eine Antwort gebe? Ihr möchtet, daß ich ihnen den Grund nenne, warum ich, bevor ich mit dem Gebet beginne, meditiere und bete?"

Ein Mann, der nicht so selbstsicher gewesen wäre, hätte es nicht gewagt, so zu reden. Rabbi Michal kann es sich erlauben, weil er seinen eigenen Wert kennt. Er hat zu Füßen der großen Meister gesessen, er weiß, daß Haben nichts bedeutet, sondern daß nur das Sein zählt. Dem Menschen gebührt Respekt und nicht dem Reichtum, den er aufgehäuft hat. Von Rabbi Michal hieß es, er sei ein Leben lang nicht zum Ofen gegangen, um sich zu wärmen, nicht einmal im Winter; er habe bei Tisch nie seinen Blick auf den Teller geheftet, nicht einmal nach längerem Fasten; und er sei niemals mit einem Menschen zusammengetroffen, ohne ihm die Wahrheit zu sagen.

Ist der Mensch denn nur Staub? Er betrachtet doch den Himmel. Ist er denn nur Asche? Er spürt doch das Feuer. Er ist stärker als das Feuer, stärker als das Brot, stärker als der Hunger. Ist das ein Widerspruch? Nein, eine Ambivalenz, die für den Chassidismus und mehr noch für die Familie des Rabbi Wolf bezeichnend ist.

Wie läßt sich des Menschen Verwundbarkeit mit seiner Stärke in Einklang bringen? Wie der Zaddik mit dem Chassid, wie der Zaddik mit sich selbst? Der Meister als solcher verfügt über Macht. Er befiehlt, und sein Wille geschieht, er widerruft bereits beschlossene Urteile und unheilbringende Beschlüsse, er gibt dem Leben einen anderen Rhythmus und verändert die Gesetze der Natur; er spricht ein Wort aus, beschwört einen heiligen Namen, und die unfruchtbare Frau wird fruchtbar, die dürre Erde empfängt die Saat, das gebrochene Herz wird in Freude wiedergeboren, der Zaddik weiß, daß er alles wollen und alles erreichen kann. Und trotzdem ... ist er gehalten, die äußerste Demut zu wählen und in seinem Herzen den Hochmut bis auf die Wurzel auszurotten; seine Ohnmacht und Unwürdigkeit zu erkennen, jeden Herzschlag, jede Regung und jeden Wunsch seines Herzens dem göttlichen Willen zu unterwerfen, sein eigenes Sein niederzuringen und in Asche zu verwandeln. Es genügt, daß er sich seiner Macht bewußt ist, auf daß er sie verliere – und sich selbst verliere.

Der Rabbi mußte also ein doppeltes Leben leben und eine doppelte Rolle übernehmen: um das zu sein, was er ist, darf er nicht der sein, der er ist. Um Rabbi zu sein, muß man auch Antirabbi sein wollen.

Seinem Chassid gegenüber ist sich der Rabbi seiner Grenzen bewußt. Ein Heiliger, der weiß, daß er heilig ist, ist es nicht, oder genauer gesagt: ist es nicht mehr. Ein Bewußtsein, daß sich seiner selbst sicher ist, ist es zu Unrecht: um ganz zu sein, muß es zerspringen. Wie es auch Rabbi Nachman von Brazlaw aussprach: „Nur ein gebrochenes Herz ist ein ganzes Herz." Und bereits vor ihm hatte der große Maggid von Mesritsch gesagt: „Was tut man, wenn man den Schlüssel zu einem Schloß verloren hat? Man bricht das Schloß auf. Brechen wir also unsere Herzen auf, sprengen wir sie, damit Gott eindringen kann."

Um seinen Jüngern solche Dinge sagen zu können, muß der Rabbi selbst Wegweiser und Beispiel sein. Deshalb ist der Zaddik so oft traurig, der Chassid hingegen nicht oder nicht mehr. Der Rabbi verkündet die Freude und behält seine eigene Schwermut. Es gehört zu seinem Wesen, daß er seine Trauer mit dem Glück seines Gesprächspartners in Einklang bringt, nur umgekehrt stimmt es nicht. Er stellt höchste Anforderungen an sich selbst, nicht an seine Jünger. Er muß nach Vollkommenheit streben und sich damit abfinden, daß der Chassid weit dahinter zurückbleibt.

Der Rabbi studiert den Sohar, der Chassid begnügt sich mit der Bibel; der Rabbi erklärt den Talmud, der Chassid spricht ein einfaches Gebet. Freilich gibt es Ausnahmen. Rabbi Mendel von Kozk ist ein Monolith, ein Felsblock, er kennt keinen Kompromiß, keine Konzession, keine Halbheiten, keinen leichten Trost, keine billige Verzeihung.

Entweder alles oder nichts, die Wahrheit oder die Verdammnis, die Erkenntnis oder die Dummheit. Aber der gewöhnliche Rabbi handelt nicht so. Er ermutigt, segnet, lächelt und bewirkt, daß der andere auch lächelt. Das wird verständlich, wenn man einmal einen kurzen Blick auf das damalige Europa und seine Juden wirft. Wenn ein Rabbi Wolf von Sbarasch Dorf um Dorf an seinem Auge vorüberziehen läßt, erblickt er Gegenden, wo jederzeit Haß und blutige Auseinandersetzungen ausbrechen können. Was brauchen denn die Geplagten, Verfolgten, Geschundenen und Gedemütigten am meisten? Etwas Frieden, ein wenig Glaubenszuversicht. Sie brauchen einen Rabbi. Sie gehen zu ihm, und schon fühlen sie sich getröstet. Sie brauchen einen, dessen Liebe auch ihre täglichen Sorgen mit einschließt, der Anteil an ihrer persönlichen Geschichte nimmt, und sie an der großen Geschichte teilnehmen läßt. Dann sind sie plötzlich nicht mehr stumme und unnütze Geschöpfe, dann werden sie unbewußt zu Dichtern. Der Chassidismus öffnet mit unwiderstehlicher Macht die Herzen der Poesie. Ohne Poesie wäre das Leben nur eine unerträgliche Last. Die Dorfbewohner brauchen zum Leben und Überleben ein menschliches Wort, eine brüderliche Stimme, die ihnen hilft, die Welt und ihre Schönheit, den gestirnten Himmel und die aufsteigende Morgenröte zu entdecken oder neu zu entdecken.

Vielleicht haben sie schon morgen keinen Grund mehr zur Hoffnung oder zum Weiterleben, aber heute reißt sie das Lied der Freundschaft, reißen Lebensfreude und Glaubenshunger sie mit; mit ihrem Rabbi und um ihren Rabbi geschart, erheben sie die Herzen bis in den siebten Himmel und kosten einen Augenblick lang das Strömen und den Rausch der Ewigkeit.

Das hat der Rabbi dem Chassid zu bieten, etwas, das er selbst nicht besitzt: Zuflucht und Halt in seligem Entzücken.

In ihren Augen ist der Rabbi, der Kraft und Größe verkörpert, das Beispiel eines Helden: er ist gut und stark, kennt Mitgefühl und Strenge, ist tolerant und unerbittlich, er ist ein einmaliger Mensch, eine Ausnahme, in dem alle menschlichen Eigenschaften zusammentreffen und alle Widersprüche sich lösen. Mag der Meister auch Schwäche oder Wankelmut zeigen, der Chassid richtet sich nach ihm.

Bedeutet das nun, daß Rabbi Wolf von Sbarasch uns zum Narren gehalten hat? Sollte er, der alles andere als ein Held war, auch kein wahrer Rabbi sein? Nein, da gibt es gar keinen Zweifel; er hat seinen festen Platz unter den großen Gestalten des Chassidismus. Glaubwürdige Zeugen liefern uns Beweise für seine Ausstrahlung. So ist bekannt, daß er gastfreundlich und freigebig war, Ruhmlosigkeit mehr schätzte als Ruhm, aber viel mehr weiß man auch nicht. Sein Privatleben ist in ein seltsames Dunkel gehüllt. Dafür nur dies als Beispiel: er war Gatte und Familienvater, aber man entdeckt weder die Namen noch die Anzahl seiner Kinder.

Es heißt zwar, daß er demütig war, aber es wird nicht gesagt, wie er es wurde. Vielleicht müssen wir bei seinem Vater nachforschen. Rabbi Jechiel Michal war für seine Strenge ebenso bekannt wie sein Sohn für seine Milde. Die Predigten des Vaters ließen die Zuhörer erzittern, die Wortes des Sohnes beruhigten sie. Wenn Rabbi Jechiel Michal von Slotschew das Wort ergriff, heißt es, sank die ganze Stadt reumütig zu Boden wie am Jom-Kippur-Tag. Er war so unbeugsam in seiner Strenge, daß der Bescht ihn deswegen zurechtweisen mußte. Es wird sogar behauptet, daß Rabbi Jechiel Michal in der anderen Welt Vorsitzender eines Gerichts sei, das über die Seelen zu urteilen habe, und daß er dieses Amt ohne jede Nachsicht ausübe. Ob sein Sohn deshalb soviel Nachsicht bei den Lebenden walten ließ?

Rabbi Wolf konnte keine Tränen sehen, er war unfähig, jemanden zu verletzen oder zu beleidigen. Er benutzte seine Kenntnisse, um den Menschen ihr schweres Los zu erleichtern, nicht um es noch schwerer zu machen. Es ist besser, zu leiden als Leid zuzufügen, zu weinen als zum Weinen zu bringen. Man soll biegen, aber nicht brechen.

Dazu die folgende Geschichte:

Ein Mann vom Lande war gekommen, um den Sabbat im Hause des Rabbi Wolf zu verbringen. Er wurde eingeladen, mit dem Meister und seinen engsten Vertrauten zu speisen. Da ihn während der langen feierlichen und geheimnisvollen Minuten vor dem dritten Mahl der Hunger packte, zog er ein Stück Brot und einen Rettich aus der Tasche und fing zu essen und zu schmatzen an, ohne sich zu genieren. Es kam ihm nicht in den Sinn, daß er dadurch die feierliche Stunde stören könne, da der Rabbi und seine Gefährten die Königin des Sabbat anflehten, sie möge sie nicht verlassen, und schmatzte ungeniert weiter. Die Jünger sangen, und der Mann aus dem Dorf aß. Der Rabbi beschwor die Dämmerung über dem unsichtbaren Jerusalem, und der Bauer kaute seinen Rettich, dessen scharfer Geruch seinen Nachbarn schon unangenehm in die Nase stieg. Ein junger Chassid drehte sich um und warf ihm seinen Mangel an Benehmen und innerer Beteiligung vor:

„He, Bruder Jude, etwas mehr Respekt!"

Andere reagierten ähnlich:

„In Gegenwart des Rabbi!"

„In dieser geheiligten Stunde!"

„Hinaus mit ihm! Man muß ihn hinauswerfen!"

In diesem drohenden Murmeln, das durch die Reihen lief, war auf einmal die sanfte Stimme des Rabbi zu hören:

„Wißt ihr, was mir Freude machen würde?"

Alle hielten den Atem an. Was könnte dem Rabbi von Sbarasch wohl Freude machen? Jeder Anwesende hätte alles darangesetzt, ihm eine Freude zu bereiten. Gespannt beugten sie sich vor, um besser hören zu können.

„Ich möchte gerne ein Stück Rettich haben", sagte der Rabbi, „ja, meine Freunde, ein Stück Rettich würde mir jetzt wirklich Freude machen. Wenn ich doch bloß ein Stück bekommen könnte, ein kleines Stückchen bloß ..."

Mit einem Schlag war niemand mehr zornig auf den Dorfmenschen, und der fühlte sich wohl und schämte sich nicht mehr.

Eine andere Geschichte:

Auf dem Wege zu einer Feier sieht er, wie sein Kutscher das Pferd mit der Peitsche antreibt.

„Warum schlägst du das Pferd? Es ist ein lebendiges Geschöpf. Warum schlägst du eine lebendige Kreatur?"

„Wir werden doch erwartet, Rabbi!"

„Ist das Pferd daran schuld? Du schlägst es, weil wir erwartet werden?"

Da gibt es keine Widerrede; der Kutscher steckt seine Peitsche weg, und das Pferd trottet zufrieden weiter. Aber der Kutscher ist gereizt, zieht die Zügel an und brüllt.

„Warum brüllst du das arme Pferd an? Es ist ein lebendiges Geschöpf. Warum brüllst du eine lebendige Kreatur an?"

„Aber was meint ihr denn, was ich tun soll, damit es schneller läuft?" ruft der Kutscher, der am Ende seiner Geduld ist.

„Sprich schön leise mit ihm", sagt der Rabbi. „Wirf deine Peitsche weg und versuche leise zu sprechen."

Sprechen und nicht brüllen, reden und nicht verurteilen. Reden, um zu erziehen und zu überzeugen, nicht um zu verstoßen und zu demütigen. So war Rabbi Wolf von Sbarasch.

Die Chronik berichtet, daß eine Rabbinerversammlung zur Bekämpfung der Assimilierung der Juden nach Lemberg einberufen wurde. Auf der Tagesordnung stand das Thema: Wie ist die jüdische Jugend zu retten? Sie wurde immer träger und nachlässiger und wußte immer weniger. In Kleidung, Haartracht und Auftreten richtete sie sich nach den nichtjüdischen jungen Leuten. Die Jünglinge trugen nicht mehr die typischen Schläfenlocken, und die Väter rasierten sich den Bart ab. Die Kinder hielten sich mehr in der Werkstatt als in der Schule auf, und die Studienhäuser leerten sich. Wenn sich diese Entwicklung fortsetzte, würde sie das Ende des Judentums in Zentraleuropa bedeuten. Deshalb waren die Rabbiner zusammengekommen; sie wollten ein Alarmsignal geben und einen Schutzwall gegen das drohende Verderben errichten, sie wollten laut verkünden, daß jeder Emanzipierte ein Verräter, jeder Ungläubige ein Abtrünniger sei und aus der Gemeinde ausgeschlossen werden müsse.

Bevor das Schlußdokument die endgültige Fassung erhielt, wurde es Rabbi Wolf von Sbarasch vorgelegt. Er lehnte es ab.

„Die Juden aus der Gemeinde verbannen?" sagte er. „Warum denn? Weil sie von unserem Weg abweichen? Ist das ein Grund, sie weniger zu lieben, als ich euch liebe?"

Vom Bescht stammte schon der Satz, daß ein kleiner Zaddik die kleinen Sünder, ein großer Zaddik die großen Sünder liebe. Darin liegt ein Grundprinzip des Chassidismus, daß die Liebe zum Nächsten der Liebe zu Gott gleicht, sie muß nach dem Unendlichen streben.

Ein andermal wurde bei Rabbi Wolf Klage geführt über einige Juden, die – Gott bewahre – ihre Nächte mit Kartenspielen verbrachten, und es wurden harte Strafen für sie gefordert. Er regte sich darüber gar nicht auf und sagte:

„Sie spielen Karten? Na und! Sollen sie spielen. Das wird nicht bis zum Ende ihrer Tage dauern. Wenn sie endlich genug haben, dann haben sie dabei wenigstens gelernt, lange wach zu bleiben und Schlaf und Müdigkeit zu überwinden. So können sie dann ihre Nächte dem Lernen, der Buße und dem Dienst an Gott weihen. Und ihr wünscht, daß ich sie verurteile?"

Hatte er Humor?

Lachte er? Konnte er lachen?

Einmal besuchte ihn ein armer Chassid, um sich über seine finanziellen Schwierigkeiten zu beklagen. Bereits nach einer Minute verabschiedete ihn der Meister mit den üblichen Segenswünschen. „Aber, Rabbi!" protestierte der Chassid. „Ich bin gerade erst gekommen, steht mir denn nicht einmal eine Minute zu? Dem Mann, der vor mir da war, habt ihr eine ganze Stunde gewidmet. Wurde er mit Vorzug behandelt, weil er reich ist?"

„Das hast du nicht begriffen", sagte Rabbi Wolf, „bei ihm, der sich reich nannte, hat es mich eine Stunde gekostet, bis ich wußte, daß er in Wirklichkeit arm war. Bei dir dagegen hat mir eine Minute genügt."

Trotzdem war Rabbi Wolf überzeugt, daß jeder andere besser war als er und daß auch die Bösen im Grunde gut waren. In dieser Hinsicht ging er offensichtlich über den Bescht hinaus. Der Bescht glaubte, er könne die Irregeleiteten zurückführen. Rabbi Wolf sah in ihnen gar keine Irregeleiteten. Für den Bescht sind alle Menschen zum Guten fähig, für Rabbi Wolf sind alle gut.

Seine Getreuen kauften ihm einmal eine Uhr. Als sie ihm gestohlen wurde, weigerte er sich, dieses Faktum anzuerkennen: „Die Menschen, die hierher kommen, sind alle Gerechte, und ein Gerechter begeht keinen Diebstahl."

„Aber die Uhr, Rabbi?"

„Ein Zaddik muß sie aus Versehen mitgenommen haben, um rechtzeitig aufzustehen, rechtzeitig zu beten und gottesfürchtig zu leben."

Wie konnte er denn nur so blind sein? Sah er denn nicht das Böse ringsumher? Wußte er nicht, daß die Schöpfung bedroht und krank war? Glaubte er, der Messias sei gekommen und habe den Satan entwaffnet und auf ewig besiegt? Wie läßt sich ein solches Maß an Naivität bei einem Menschen erklären, der ein großer Denker und Seelenführer war? Wie kann jemand Menschenführer sein und völlig die Augen verschließen vor der Realität? Wie kann einer gleichzeitig Held und Antiheld sein?

In seinen Anfängen wurde der Chassidismus in der Tat von ganz einfachen Menschen getragen, nicht von Geistesgrößen. Der Chassid kam wie sein Rabbi aus den bescheidensten Schichten der jüdischen Gesellschaft.

Zur Zeit des Bescht rekrutierten sich seine Anhänger aus den Armen und Ärmsten der Armen, aus fliegenden Händlern, aus Ausgebeuteten und Verlassenen. Die Oberschicht, die Würdenträger, Leute, die Titel oder Vermögen besaßen, bekämpften den Bescht und seine Initiativen. Nur derjenige oder diejenigen, die gewöhnlich niemand beachtet, fühlten sich angesprochen, jene, die stumm ihre Tränen vergossen und heimlich Hunger und Schande ertrugen.

Die Verehrung des Zaddik als Fürsprecher und Vermittler setzte erst später ein, in der dritten Generation der Meister, nach dem Tode des Rabbi Elimelech von Lisensk. Bis dahin war der Rabbi keine mächtige Heldengestalt. Der Bescht war kein Fürst jüdischen Denkens und kein Sohn berühmter Rabbiner, er selbst war nicht einmal Rabbiner. Er war aus dem Nirgendwo gekommen und versenkte sich in die jüdische Geschichte, um sie zum Leuchten zu bringen, nicht um sich ihrer zu bemächtigen.

Die Herkunft des Gründers der Bewegung lag im Dunkeln, er gehörte zur unteren Gesellschaftsschicht, war Herbergswirt, Kirchendiener, Pfleger, Hauslehrer, Lehmhändler – es gab keine gewöhnlicheren Berufe als diese. Daß er ein Ausnahmemensch war, merkte kaum jemand. Sicher gab es unter seinen Jüngern große Gelehrte, aber alle kamen aus einer ähnlichen Gesellschaftsschicht. Der Vater von Rabbi Aaron von Karlin war Kirchendiener, der von Rabbi Mosche von Kobrin Bäcker, der von Maggid von Koschnitz Buchbinder. Rabbi Uri von Strelitz und Rabbi Mendel von Riminow waren Söhne von Schneidern.

Um zu werden wie der Bescht, bemühten sich zahlreiche chassidische Meister, seine Erfahrungen nachzuleben. Ehe der Rabbi seinen Titel erhält, muß er in die Anonymität gehen. Er gibt seinen Stand und seine Identität auf, ändert ständig seine Lebensbedingungen und lebt als Nomade. Wo er schläft, dort ißt er nicht, und wo er ißt, dort schläft er nicht. Ärmlich gekleidet, benimmt er sich wie ein Armer, nimmt Almosen an, schläft auf gestampftem Lehmboden und läßt sich, ohne zu murren, beleidigen. Jedermann hat das Recht, er selbst zu sein, auf ihn trifft das kaum zu. Um zu sich selbst zu finden, muß er sich zuerst verlieren, muß mit dem Volk verschmelzen. Damit er wert ist, gesehen zu werden, macht er sich erst unsichtbar. Bevor er sich offenbart, lebt er als Unbekannter.

Unzählige Legenden kreisen um diese Vorbereitungsphase der Gerechten. Man trifft sie bei umherziehenden Gauklern, unter ruhelosen Büßern, zwischen Flüchtlingen und in allen möglichen Masken, die ihr strahlendes Gesicht bedecken und verbergen. Die rührendste Anekdote wird von Rabbi Elimelech und seinem Bruder, dem Rabbi Susia, erzählt. Dort, wo sie die Nacht verbrachten, schlug – nach der Überlieferung – der Chassidismus Wurzeln, und mit jedem Schritt steckten sie seine Grenzpfähle weiter. Eines Abends kamen sie in einen kleinen Marktflecken und suchten die Herberge auf, in der sie sich bis zum Morgen ausruhen wollten; denn sie waren müde zum Umfallen. Plötzlich spürten sie eine unbeschreibliche und unerklärliche Angst, die so heftig wurde, daß sie aufsprangen und die Flucht ergriffen. Der Ort hieß Uschpizin, ist aber bekannter unter dem Namen Oswiecim oder Auschwitz.

Im Gegensatz zu den meisten chassidischen Meistern offenbarte sich Rabbi Wolf von Sbarasch auch dann noch nicht, als seine Zeit der Anonymität vorbei war. Er verließ das Exil und blieb doch im Exil. Durch seine ständigen Selbstzweifel und sein zurückgezogenes Leben sollte er sich bis zum Schluß unfähig und unwürdig fühlen, zu helfen, zu raten, zu lehren, mit einem Wort: die Rolle der Gerechten anzunehmen.

Gerade er sollte bei Gott Fürbitte einlegen? Mit welchem Recht und welchem Auftrag? Wie sollte er es wagen, das Heil für seinen Nächsten zu erflehen, wenn er noch nichts für sein eigenes Heil erreicht hatte?

Natürlich wurde er Rabbi; denn es blieb ihm keine andere Wahl. Wie der Seher von Lublin und der Rabbi von Kozk lehnte er diese Ehre ab und wurde wie sie gezwungen, sie anzunehmen. Der Sohn des Maggid von Slotschew konnte sich nicht weigern. Genau wie seine Brüder mußte er seine Aufgaben als geistlicher Führer erfüllen, und wie sie zog er Schüler und Jünger an. Der Sabbat bei ihm war ein Ereignis. Man kam von weither, um den heiligen Tag in seiner Gesellschaft zu begehen. Man bat um sein Urteil, trank seine Worte und nippte von seinem Wein. Sie achteten, bewunderten, verehrten und liebten ihn, weil er eben ein echter Rabbi war.

Aber er merkte es nicht. Er tat nichts, um sein kleines Königreich zu vergrößern. Er lehnte es im Gegenteil ab, daß man ihn als König behandelte, er wollte nicht einmal als Weiser oder Wundertäter gelten, denn er vollbrachte absolut keine Wunder, er machte aus Staub kein Gold und zwang den großen und kleinen Tyrannen, die die Juden verfolgten, seinen Willen nicht auf, er behauptete nicht, daß er vom Himmel die Erfüllung seiner Wünsche erlangen könne. Er machte tatsächlich nichts Außergewöhnliches oder Spektakuläres. Er war berühmt und blieb doch anonym. Er war ein Jude unter Juden, ein Mensch unter Menschen und hielt sich durchaus nicht für klüger als seine Mitmenschen, er war ein Mann ohne eine Spur von Anmaßung. Sein einziger Wunsch war es, nur keine Aufmerksamkeit zu erregen.

Man hat den Eindruck, als wäre er auf der Straße und in der Welt, ja in seinem eigenen Haus am liebsten unbemerkt geblieben. So war es auch bei jenen Einbrechergeschichten, die man erzählt. Seine Frau, nicht er, bemerkte immer die verdächtigen Geräusche. Eines Nachts rüttelt sie ihn wach: „Wolf, Wolf, ich höre Diebe! Tu was!"

Er steigt aus dem Bett und geht zur Tür. Ein paar Diebe verschwinden im Dunkeln, und er ruft hinterher: „Keine Angst, ihr braven Leute! Alles, was ich besitze, gehört mir nicht mehr! Ich habe auf alles verzichtet, was ich hatte. Fürchtet also nichts, ihr guten Diebe. Ihr habt gar keine Sünde begangen!"

Ein anderes Mal waren wieder Diebe – vielleicht waren es die gleichen – bei ihm eingestiegen. Wieder weckt ihn seine Frau. Er steht auf, tritt ans Fenster und ruft:

„Vorsicht, meine Freunde und Diebe. Ihr habt eine kleine Flasche mitgenommen. Rührt sie nicht an. Ein Kranker hat sie benutzt! Ihr könntet euch anstecken!"

So ein Übermaß an Bescheidenheit muß einem

schließlich auf die Nerven gehen. Wie kann man mit einem Menschen leben, der Diebe schützt, deren Opfer er selbst war. Wie kann man jemanden lieben, der alle Menschen liebt? Ist es menschlich, so menschlich sein zu wollen?

Ich muß gestehen, daß ich ihn liebe, und manchmal habe ich Mitleid mit ihm. Es ist nicht leicht, seinen eigenen Weg zu gehen in einer Welt, in der man immer wieder verleugnet und abgelehnt wird. Ist er deshalb ins Heilige Land aufgebrochen?

Es steht fest, daß Rabbi Baruch von Miedžybož ihn dorthin geschickt hat. Kann man daraus folgern, daß ihre Beziehungen sehr herzlich waren? Warum hatte Rabbi Baruch ausgerechnet ihn gewählt, und warum war Rabbi Wolf einverstanden? Wenn Rabbi Baruch einen Abgesandten brauchte, dann hätte er leicht einen anderen finden können, der seine Sache besser gemacht hätte. Die beiden Männer hatten überhaupt nichts Gemeinsames. Der eine verkörperte den Zorn, der andere die Ausgeglichenheit, der eine den Helden, der andere den Antihelden. Rabbi Baruch ist Symbol für den Ruhm des Chassidismus und Rabbi Wolf für die Flucht vor diesem Ruhm. Welche Beziehung überhaupt zwischen den beiden bestand, wird man nie erfahren.

Im Heiligen Land angekommen, bleibt Rabbi Wolf in Tiberias und lebt dort mit seiner Familie bis zu seinem Tode. Erstaunlicherweise wird dieser Lebensabschnitt in der chassidischen Literatur praktisch verschwiegen.

Es gibt eine einzige Geschichte, in der seine Frau als Waschfrau dargestellt wird. Daraus läßt sich schließen, daß sein Elend noch düsterer war als in Sbarasch. Warum hat er sich gerade in Tiberias niedergelassen? Hatte er Freunde in der Gegend? Man sieht nicht, daß er bei ihnen Einfluß gewinnt, man sieht überhaupt nichts mehr von ihm, es ist, als wäre er aus der chassidischen Landschaft verschwunden. Was tut er im Heiligen Land? Wen sucht er auf? Was ist aus seinen in Europa zurückgelassenen Freunden geworden? Lebte er von dem, was die Waschtätigkeit seiner Frau einbrachte? Woran ist er gestorben? Unter welchen Umständen? (Sein Todesjahr wird zwischen 1800 und 1820 angesetzt.) Darüber wird uns überhaupt nichts gesagt. Ich muß zugeben, daß ich nicht verstehe, was es mit diesem Schweigen auf sich hat.

Eine mögliche Erklärung wäre, daß Rabbi Wolf sich von Sbarasch, vom europäischen Chassidismus, von ganz Europa lösen wollte, um eine höhere Stufe der Anonymität zu erreichen. In Palästina hat er endlich gewonnenes Spiel, er steht nicht mehr in der Öffentlichkeit, er wird nicht mehr als Meister angesehen, es werden keine Geschichten mehr über ihn erzählt. Man beobachtet ihn nicht mehr, bittet ihn nicht mehr um Hilfe, läßt ihn tun und lassen, was er will, deutet nicht mehr an seinen Worten herum. So ist denn sein Wunsch erhört worden: der Rabbi von Sbarasch ist endlich ein einfacher Jude geworden. Der Gerechte ist endlich ein Mensch geworden, den niemand kennt noch kennenlernen will. Er ist nur noch er selbst, ein Mensch.

Der Erzähler, der alles gelesen hat, was über ihn geschrieben wurde, der sein Leben und seine Umwelt studiert hat, muß sich geschlagen geben: Rabbi Wolf hat am Ende über seine Legende gesiegt. Ich hätte mir von Herzen gewünscht, ihn kennenzulernen und das Rätsel zu lösen. Es ist mir nicht gelungen. Die Gestalt bleibt weiter im Dunkeln. Unmöglich, sie einzukreisen, geschweige denn in sie einzudringen. Ich könnte nicht mit Sicherheit sagen, wer er in Sbarasch war, noch was aus ihm in Tiberias geworden ist. Ich kann höchstens versuchen, seine Gestalt durch diese Berichte und Anekdoten zu beschwören, hinter denen sie sich mehr verbirgt als sichtbar wird. Kennen wir ihn nun besser? Vielleicht sogar weniger gut.

Existierte er überhaupt? Gab es einen Menschen, ein Schicksal mit diesem Namen? Hat er Sbarasch mit sich genommen, um es ins Heilige Land hinüberzuretten? Wenn Jerusalem der Gesang der jüdischen Seele ist, dann ist Sbarasch ihr Murmeln.

Rabbi Wolf rührt uns an, wir empfinden eine tiefe und seltsame Zuneigung zu ihm, wir lieben ihn: und deshalb existiert er auch.

Rabbi Mosche Löb von Sassow
oder
die chassidische

Barmherzigkeit

Fragt einmal die alten Chassidim und bittet sie, euch zu erzählen, was der große Zaddik von Nemerow in der Woche vor dem Rosch Haschana, dem Jahresanfangsfest, machte.

Sie werden euch sagen, daß der Zaddik von Nemerow frühmorgens, wenn die Juden, wie es allenthalben üblich ist, aufstehen, um die Bußgebete, die Selichot, zu sprechen, nicht bei seinen Gläubigen war. Er war, werden sie sagen, ganz einfach verschwunden.

Ja, um diese Zeit war der Zaddik von Nemerow unauffindbar. In der Synagoge, in der Betschule, zu Hause – man konnte ihn suchen, wo man wollte, und jeden Schlupfwinkel durchstöbern, er war nirgends zu finden. Aber die Leute von Nemerow waren darüber kaum beunruhigt. Wenn er verschwunden ist, sagten sie, muß er irgendwohin gegangen sein. Und wohin konnte ein

Zaddik in der Woche der Selichot schon gehen? Was für eine Frage: in den Himmel natürlich!

In dieser Woche ist ein Zaddik mehr denn je vollauf beschäftigt. Seine Anhänger bestürmen ihn mit ihren Anliegen: hier geht es um eine alte Jungfer, dort um den kranken Schwiegersohn. Geht es den Leuten gut, ist die Gemeinde in Schwierigkeiten – oder umgekehrt. Fühlt der Leib sich wohl, ist die Seele krank. Für alle Sünden, die man im Laufe des Jahres nicht vermeiden konnte, muß man jetzt eine Erklärung und eine Rechtfertigung haben.

Am Rosch-Haschana-Fest liegt das Buch des Lebens bekanntlich aufgeschlagen vor den himmlischen Richtern, und Satan – verflucht sei er – wartet nur auf diese günstige Gelegenheit, um die Anklage noch zu untermauern. Wer könnte ihm dann entgegentreten, wenn nicht der Zaddik von Nemerow? Deshalb also mußte er zum Himmel hinaufsteigen, um sich persönlich um all diese Dinge zu kümmern. Deshalb gibt es auch gar keinen Grund, sich wegen seines Verschwindens aufzuregen. Man weiß doch, wo er ist – und zu welchem Zweck er sich dort aufhält.

Als nun dummerweise einmal ein Litauer, also ein eingefleischter Gegner des Chassidismus, in die Stadt kam und diese Geschichte vom Zaddik hörte, platzte er schier vor Lachen. Die litauischen Juden sind dafür bekannt, daß sie ein Leben lang den Talmud studieren. Da aber der Talmud nun die Logik selber, nichts als reine Vernunft ist, ist es logischerweise nicht möglich, daß ein Mensch, auch ein Zaddik nicht, in den Himmel hineinspazieren könnte, als begäbe er sich in seinen Garten. Und auch die Vernunft sagt, daß man nicht zum Himmel hinaufgehen kann, als mache man eine kleine Reise hin und zurück ins Nachbardorf. Der Litauer machte sich also lustig über unsere ganzen Geschichten, und deshalb sollte man überhaupt nicht mit ihm darüber diskutieren. Wir wollen es aber trotzdem versuchen:

„Du mußt doch zugeben, daß der Zaddik unauffindbar ist. Ist das eine Tatsache oder nicht?"

„Ja, natürlich ist das eine Tatsache."

„Und wo befindet er sich wohl?"

„Das interessiert mich nicht", entgegnet er und zuckt bloß mit den Schultern.

In Wirklichkeit interessierte es ihn doch, er wollte es bloß nicht zugeben. Das Geheimnis ließ ihm keine Ruhe, und er beschloß, es auf seine Art zu lösen. Hört und vernehmt nun, wozu diese Neunmalklugen imstande sind.

Am Abend, als der Gottesdienst zu Ende war, schlich sich unser Litauer in das Schlafzimmer des Zaddik und versteckte sich unter dessen Bett. Der Zaddik trat ein, setzte sich an den Tisch, um zunächst mit lauter, dann mit leiser Stimme zu studieren. Der heimliche Besucher verhielt sich ganz ruhig. Schließlich zog sich der Zaddik aus, sprach das Nachtgebet und legte sich zu Bett. Der Litauer rührte sich nicht. Offenbar konnte der Rabbi nicht einschlafen; denn er wälzte sich von einer Seite auf die andere, und der Litauer, um vor lauter Müdigkeit nicht einzuschlafen, konzentrierte seine Gedanken auf eine komplizierte Talmudstelle. Das war ein gutes Mittel, um sich ganz ruhig zu verhalten und gleichzeitig die Zeit totzuschlagen.

Als der Morgen dämmerte, hörte er, wie der Kirchendiener von Haus zu Haus ging, an Türen und Fenster pochte und rief: „Steht auf, liebe Leute, steht auf! Kommt zur Feier der Selichot!"

Der Zaddik blieb liegen, während es im ganzen Haus lebendig wurde. Man hörte Wasser rauschen, Türen schlagen, und dann wurde es wieder still. Alle Hausbewohner waren zur Synagoge gegangen.

Der litauische Jude blieb allein mit dem Zaddik in

dem leeren, dunklen Haus und spürte, wie er später zugab, daß langsam die Angst in ihm hochkroch. Wenn man allein mit dem großen Zaddik von Nemerow ist und ausgerechnet noch vor Beginn der feierlichen Selichot-Gebete, dann kann man es schon mit der Angst bekommen. Jeder andere hätte die Flucht ergriffen oder wäre zumindest ohnmächtig geworden, aber ein Litauer ist ein Litauer und so stur und hartnäckig, daß es einem selber wehtun kann. Obwohl er am ganzen Körper zitterte, blieb er unterm Bett liegen.

Endlich stand der Zaddik auf, wusch sich Gesicht und Hände und öffnete einen Schrank, dem er ein Bündel entnahm. Zur Überraschung des Litauers enthielt es Bauernkleider, die der Zaddik anzog, als wolle er sich verkleiden.

So verließ der Zaddik von Nemerow als Bauer verkleidet, mit einem Sack auf dem Rücken und einer Axt im Gürtel, sein Haus. Der Litauer folgte ihm wie ein Schatten.

Der Zaddik ging durch stille Straßen und dunkle Gassen und verschwand in dem Wald, der an die Stadt grenzte. Schon nach wenigen Schritten machte er vor einem ziemlich jungen Baum Halt, betastete und prüfte ihn genau, griff dann zur Axt und fing an, den Baum zu fällen. Der Litauer staunte nicht schlecht. Mit jedem Schlag sauste die Axt tiefer in die Kerbe, und nach kurzer Zeit fiel der Baum zu Boden. Der Zaddik spaltete nun den Stamm, zerhackte die Kloben zu Kleinholz, band die Äste zu einem Bündel zusammen und stopfte soviel Holz wie nur möglich in seinen Sack, warf alles über die Schulter und machte sich auf den Heimweg. Der Litauer folgte ihm und sah, wie er plötzlich vor einer elenden Hütte stehenblieb und ans Fenster klopfte.

„Wer ist da?" fragte eine schwache Stimme, die Stimme einer kranken Frau.

„Ich bin's, Wassili", sagte der Zaddik.

„Wassili? Was für ein Wassili?"

„Der Holzhacker. Ich habe Holz zu verkaufen. Ganz billig. Ich sah, daß dein Schornstein nicht mehr raucht, und dachte mir, daß du Holz brauchst."

„Ja, brauchen tue ich es schon, aber ich habe kein Geld."

„Das macht nichts, Frau. Ich habe Vertrauen zu dir."

Damit stieß Wassili die Tür auf, kniete vor dem Kamin und machte Feuer.

„Aber Wassili, Wassili", klagte die Kranke, „wie soll ich das denn bezahlen?"

„Ich habe dir doch schon gesagt, daß es nicht teuer ist. Sechs Kopeken, das ist doch soviel wie nichts."

„Aber ich habe sie doch nicht, Wassili!"

„Eines Tages wirst du sie schon haben!"

„Woher soll ich sie denn nehmen? Siehst du nicht, daß ich ganz allein bin und krank? Ich habe nichts und erwarte nichts. Kein Mensch wird mir helfen!"

„Frau, ich verstehe dich nicht", sagte Wassili, „ich schenke dir Vertrauen – warum hast du dann kein Vertrauen zu Gott? Ist er denn nicht einmal sechs Kopeken wert?"

Damit begann er, während er die Holzscheite aufschichtete, mit leiser Stimme die erste Hymne der Selichot zu sprechen, dann die zweite und die dritte. Der litauische Jude wurde daraufhin der eifrigste Anhänger des Zaddik von Nemerow. Und wenn die Leute von Nemerow in den folgenden Jahren sagten, ihr Zaddik sei verschwunden, weil er zum Himmel emporgestiegen sei, dann lachte der Litauer nicht mehr, sondern sagte mit großem Ernst: „Ja, zum Himmel empor und vielleicht auch noch höher."

Diese klassische Geschichte ist durch den großen jüdischen Schriftsteller J. L. Peretz bekannt geworden. Ihr Inhalt fußt auf einer kurzen, ergreifenden Legende, die gerne von Rabbi Zwi Hirsch von Sydatschow erzählt wurde.

Aber in seiner Version handelt es sich nicht um einen anonymen Zaddik von Nemerow, sondern um Rabbi Löb von Sassow, und die kranke Frau ist keine Jüdin, sondern eine Christin. Die Geschichte spielt auch nicht in der Selichot-Woche, sondern im Winter, und der Mann, der dem Rabbi folgt, ist nicht ein Gegner aus Litauen, sondern Rabbi Zwi Hirsch von Sydatschow selber. Im übrigen ist es die gleiche Geschichte und auch die gleiche Moral „Moral von der Geschicht": einer kranken Frau zu helfen ist wichtiger, als durch das Gebet zum Himmel emporzusteigen. Ein Heiliger muß nicht unbedingt aussehen wie ein Heiliger; manchmal sieht er wie ein Bauer aus, wie ein Holzfäller, ein Tippelbruder, ein Arbeiter, wie ein christlicher Kutscher oder ein mohammedanischer Kaufmann.

Der Zaddik muß sich nicht ausschließlich mit dem Talmud, dem Sohar, oder dem Buch der Gebete beschäftigen, nein, er kann, er muß sogar manchmal sein Heim, seine Bücher und seine Lebensgewohnheiten verlassen, um in einen Wald zu gehen, Holz zu schlagen, in der schmutzigen Hütte einer alten Frau Feuer zu machen und sich auf diese Weise dem Himmel zu nähern.

Diesen Begriff von chassidischem Humanismus – und die Grundlage des Chassidismus ist ein religiöser Humanismus – findet man nirgendwo so vollkommen ausgeprägt wie in Sassow. Wenn Rabbi Mosche Löb sich um eine unglückliche Frau bemüht, dann tut er es nicht, um sie für die Bewegung zu gewinnen, sondern um ihr zu helfen und ihr den Glauben an die Menschen wiederzugeben. Er verkleidet sich als Bauer, um die kranke Frau zu überzeugen, daß der Rabbi nicht der einzige ist, der Mitleid hat und mildtätig ist. Auch der Bauer Wassili ist es. In Sassow ist es der Mensch, der zählt.

Sassow – wer kennt Sassow denn nicht? Chronisten, die sich auskennen, erheben es in den Rang einer Hauptstadt des Chassidismus, und doch ist es wie Miedžybož, wie Kozk oder Brazlaw nur ein kleines Dorf. Es liegt nur an seinem Zaddik, daß sein Name überhaupt bekannt ist.

Sassow liegt in der Ukraine, in der Gegend von Lwow, und es nahm bereits im 16. Jahrhundert die ersten Juden auf. 1726 erhielten sie von Jakob Sobieski, dem Sohn König Sigismunds III., besondere Privilegien: ihre religiösen und kommunalen Einrichtungen wurden von Steuern befreit.

1939 zählte die jüdische Gemeinde 1500 Seelen. Sie ging in Belsec und Slotschew unter. Auch heute gleicht Sassow noch den jüdischen Dörfern von damals, wenn auch keine Juden mehr dort leben. Aber Rabbi Mosche Löb ist trotzdem immer noch dort anwesend.

Wer war er? Ich muß gestehen, als ich anfing, seinen Spuren nachzugehen und seiner Gestalt zu begegnen, war ich zuerst einmal glücklich, einen glücklichen Rabbi zu entdecken. Endlich, sagte ich mir, ist hier ein großer Meister, der nicht in die endzeitlichen Konflikte verstrickt ist wie der Seher von Lublin, der seine Angstzustände nicht in der Revolte erstickt hat wie der Rabbi von Berditschew, der nicht in Schwermut versunken ist wie der Rabbi von Kozk. Rabbi Mosche Löb strömt über vor Freude und ist wirklich glücklich, und seine Freude ist weder gespielt, noch ist sie ein bloßer Vorwand. Bei ihm ist das Glück ganz selbstverständlich, und das habe ich dankbar anerkannt.

Später habe ich es ihm zum Vorwurf gemacht. Plötzlich störte mich seine Heiterkeit. Wieso konnte er glücklich sein, wenn seine Jünger, seine Freunde, seine Schüler es nicht waren? Ließen ihn ihre Leiden kalt?

Doch am Ende, als ich den Texten und Zeugnissen auf den Grund ging, sah ich meinen Irrtum ein: Rabbi

Mosche Löb, der so unbekümmert und so ganz im Einklang mit sich selber schien, war ganz anders. Da begann ich, ihn liebzugewinnen. Dazu eine Geschichte:

Als Rabbi Mosche Löb sich entschloß, nach Lisensk zu gehen, um sich von Rabbi Elimelech unterweisen zu lassen, begab er sich zu Fuß dorthin. Obwohl er hungrig war und keinen Pfennig in der Tasche hatte, lehnte er es ab, um Almosen zu betteln. Wenn Gott will, daß ich esse, dachte er, dann wird er mir auch etwas zu essen geben. Will er es nicht, wie könnte ich dann gegen seinen Willen etwas essen? Sein Kopf blieb zwar klar, aber sein Magen war leer. Ein Tag verging und noch einer, und am dritten Tag folgerte er daraus, daß etwas nicht stimmen konnte. Wenn Gott nicht will, daß ich esse, während ich doch Hunger habe, dachte er, dann bedeutet das, daß er mich nicht liebt; und wenn er mich nicht liebt, wie könnte ich dann ihn lieben?

Er spann dann diesen Gedanken noch weiter. Woher weiß ich denn, daß er mich nicht liebt? Weil er mich nicht ernährt? Ist denn die Nahrung so wichtig für mich? Dann wäre ich doch nichts weiter als ein Tier. Tiere haben Hunger, und ich habe Hunger. Worin besteht dann der Unterschied zwischen ihnen und mir? Ich bin imstande, mir den Hunger wegzudenken, ich kann sogar lieben, auch wenn ich Hunger habe. Also, Mosche Löb, sagte er sich, dann ist der Hunger im Grunde mehr wert als die Nahrung. Denke doch nur an die großen Fürsten, die unaufhörlich essen. Sind sie glücklich? Ich will es dir sagen, Mosche Löb, sie sind nicht glücklich, weil sie keinen Hunger haben, sicher keinen so großen wie du. Du, Mosche Löb, du bist hungrig wie ein Wolf. Aber worüber beklagst du dich eigentlich? Danke Gott dafür, daß er dir den Hunger gegeben hat! Schrei lauter, Mosche Löb! Rufe! Schrei es hinaus, so laut du kannst, mit deiner schönsten Stimme, sage es dem Wald, sage es der ganzen Welt, daß du Hunger hast und daß du Gott dafür dankbar bist. Die Geschichte könnte durchaus wahr sein, jedenfalls zeigt sie den ganzen Mosche Löb. Das war seine Art, zu denken, durch Gottes Natur zu wandern und Gott mehr im Mangel als in der Fülle zu suchen. Seine Art, sich selbst zu fragen, seine Gottesliebe, alles ist aus diesem Bericht zu entnehmen. Er zeigt uns u. a. auch, daß er häufiger hungrig als satt war, daß er schreien konnte und – nicht zuletzt – daß er dankbar sein konnte.

Jeder Rabbi und jeder Chassid erkennt sich in ihm wieder. Die Traurigkeit mag zu Anfang ein Anreiz sein, aber sie führt nie zu einem Ziel. Der Hunger kann zur Quelle dichterischer Inspiration werden, nur muß es dein eigener, nicht der Hunger der anderen sein. Wer Gott auf Kosten des anderen liebt, wer seinen Ruhm singt und seinen Nächsten hungern sieht, begeht eine Sünde. Wenn du einen Hungrigen triffst, gib ihm zu essen, und wenn du nichts hast, dann schrei gegen den Hunger an, protestiere im Namen des Hungers, im Namen derer, die Hunger leiden. Man könnte fast sagen, daß Rabbi Mosche Löb Gott dankbar war, daß er ihn den Hunger an sich selbst und nicht beim anderen entdecken ließ. Er war eher bereit, selbst zu leiden, als seinesgleichen leiden zu sehen. Durch die Hilfe, die er gewährte, hoffte er selbst Hilfe zu erlangen.

Deshalb brauchte er beständig Hilfe. Für andere nämlich.

Was wissen wir eigentlich über ihn? Als Sohn einer wohlhabenden Familie wurde er 1744 in Brody unweit Lemberg, der durch ihre Weisen berühmten Stadt, geboren und verschaffte sich schnell einen Ruf als Talmud- und Kabbala-Kenner. Er heiratete zweimal, hatte eine Tochter namens Temerl und zwei Söhne. Gestorben ist er 1807 in Sassow.

Daß er niemals dem Bescht begegnet ist, ist kaum zu

verstehen. Als der Bescht starb, war Rabbi Mosche Löb 16 Jahre alt. Hatte er nie gehört, was über die neue Bewegung und ihren Gründer erzählt wurde? Warum hat er nie versucht, an den legendären Meister heranzukommen? Wie ist es zu erklären, daß er auch nichts unternahm, um den Nachfolger des Bescht, den Maggid von Mesritsch kennenzulernen? Er gab der Schule des Rabbi Schmelke von Nikolsburg den Vorzug. Er war damals etwa 20 Jahre alt. Vielleicht war er auch älter. Warum hat er so lange gewartet?

Ein sehr einleuchtender Grund ist sicher darin zu suchen, daß sein Vater den Chassidismus mit einer Heftigkeit bekämpfte, die geradezu an Fanatismus grenzte.

Martin Buber erzählt dazu eine seltsame Legende. Mosche Löb brach als Jüngling mit seiner Familie, um sich Rabbi Schmelke anzuschließen. Sein Vater, Rabbi Jakob kochte deshalb vor Wut und besorgte sich eine Peitsche für den Tag, an dem sein Sohn wieder auftauchen würde. Ein Diener hatte sie aber verlegt und fand sie zu seinem großen Verdruß nicht wieder, als der Sohn nach Hause zurückkehrte. Das verstärkte noch Rabbi Jakobs Zorn. Da begann der Sohn, um ihn zu besänftigen, nach der Peitsche zu suchen. Er fand sie auch und brachte sie seinem Vater. An diesem Tage schloß der Vater Frieden mit seinem Sohn und dem Chassidismus.

Vielleicht hatte Rabbi Jakob sich völlig zu Unrecht Sorgen gemacht. Sein Sohn hatte sich ja nicht als Chassid, sondern als Schüler zu Rabbi Schmelke begeben, und der galt in der Tat als einer der großen Weisen und hervorragendsten Talmudisten seiner Zeit. Wie zahlreiche große Meister studierte er zuerst den Talmud, dann lehrte er ihn und wurde erst später ein Chassid.

Mosche Löb besuchte die Schulen von Apte, Nikolsburg und Lisensk. Am Hof des Rabbi Elimelech kam es zu einer Auseinandersetzung, deren wahre Ursache nicht bekannt ist. Einige Quellen behaupten, dem alten Meister habe die Redeweise des jungen Schülers nicht gefallen, er habe einen zu selbstsicheren Eindruck gemacht. Wenn Rabbi Elimelech ein Problem anschnitt, war Mosche Löb sofort mit einer Antwort zur Stelle und hätte doch erst die Antwort des Meisters abwarten müssen. Sicher brannte Mosche Löb vor Ungeduld, wenn es um die Lösung einer Frage ging, aber im Grunde wollte er lieber zuerst die Antworten wissen. Seinem Schüler, dem „Juden" von Pžycha, sollte er das später so erklären: „In seinem ‚Führer der Unschlüssigen' stellt Maimonides schwere und beunruhigende Fragen, aber die Leute wissen nicht, daß er zuerst die Antworten niederschrieb und erst danach die Fragen stellte."

Es gibt eine andere Version dieses Zwischenfalls, die mehr Großzügigkeit verrät. Rabbi Elimelech ärgerte sich, weil der junge Schüler ihn mitten in einem Satz unterbrochen hatte. Und warum hatte der das getan? Doch nicht etwa aus Mangel an Respekt. Nein, er tat es, weil Rabbi Elimelech sich nachteilig über jemand geäußert hatte – vielleicht über einen Dissidenten der Schule von Pžycha? –, und Mosche Löb vertrug einfach kein abfälliges Urteil über einen andern, einerlei um wen es sich handelte. Sein Sohn Rabbi Schmelke sollte später sagen: „Was für ein Glück, daß die Thora uns nicht vorschreibt, unsern Nächsten zu diffamieren; denn wenn ein solches Gebot bestünde, hätte mein Vater es bestimmt übertreten."

Eine andere Anekdote aus seinem Leben. Als Mosche Löb jung war, vertrieben er und seine Altersgenossen sich die Zeit oft mit Dingen, die nicht gerade gern gesehen waren. Wenn er die Betschul verließ, ging er nicht selten mit seinen Freunden in Wirtshäuser, die nicht den besten Ruf hatten, und blieb dort mit ihnen bis zum nächsten Morgen. Aber die Legende sagt, daß man ihn deshalb nicht voreilig tadeln sollte, weil seine Absicht ehrenwert und gut war. Er mischte sich nur unter diese jungen Burschen, um sie vor Sünden zu bewahren.

Viele Jahre später bekam Rabbi Mosche Löb einmal Besuch von einem dieser Jugendgefährten, der aus reiner Neugier nach Sassow gekommen war. Was für ein Schauspieler, dachte dieser Besucher bei sich, er treibt ein falsches Spiel; die Leute halten ihn für einen Heiligen, und dabei ist es noch gar nicht lange her, daß er ... Doch dann sah er sich den Rabbi genauer an, beobachtete ihn mit größter Aufmerksamkeit und sah ein, daß er sich irrte. Mosche Löb war schon in ihrer gemeinsamen Jugend ein Zaddik gewesen, seine Altersgenossen waren nur zu blind, um es zu bemerken. Er hatte unter ihnen geweilt, um zu versuchen, sie beizeiten vor Dingen zu bewahren, die nicht wiedergutzumachen waren.

Ist das nur eine fromme Geschichte, so etwas wie eine Heiligenlegende? Was ist aber dann von jener anderen Geschichte zu halten, die sich ereignete, als er Schüler in Nikolsburg war?

Rabbi Mosche Löb hörte eines Tages, wie ein Mann einem Freund sein Leid klagte. Er hatte eine ältliche Tochter, die keinen Mann fand, und darüber war er verzweifelt. Das Mädchen war häßlich und ein bißchen zurückgeblieben, und kein Mann wäre auf die Idee gekommen, sie zu ehelichen. Die traurige Stimme des Vaters rührte Mosche Löb so sehr, daß er den Heiratsvermittler des Ortes holen ließ und ihm erklärte: „Geh und sag diesem Mann, daß ich seine Tochter zu heiraten wünsche." Der Heiratsvermittler versuchte, ihn von seinem Vorhaben abzubringen, aber es war vergebene Liebesmüh. Der Vater dachte zuerst, Mosche Löb wolle sich über ihn lustig machen. Doch es war ihm ernst. Sogleich wurde ein vorschriftsmäßiger Ehevertrag aufgesetzt, und dann fand die feierliche Trauung statt. Erst als das geschehen war, informierte Mosche Löb seinen Vater. Rabbi Jakob eilte nach Nikolsburg, sah seine Schwiegertochter und erfaßte augenblicklich das ganze Ausmaß der Katastrophe. Vergebens versuchte er sich Klarheit zu verschaffen. Dennoch gelang es ihm nach endlosen Disputen, seinen Sohn soweit zu bringen, daß er den Ehescheidungsprozeß anstrengte.

Man mag die Geschichte für ein Fantasieprodukt halten, aber sie enthält Elemente, die einen wahren Kern haben. Rabbi Mosche Löb war für seine plötzlichen und unerwarteten Reaktionen bekannt, wenn es darum ging, einem Menschen zu helfen. Es paßt sehr wohl zu seiner Natur, daß er es für wesentlich hält, sich für das Glück eines Vaters und seiner Tochter zu opfern. Über diese erste Heirat ist verständlicherweise nichts bekannt und über die zweite nur sehr wenig. Man weiß lediglich, daß er nur kurze Zeit zu Hause war und dann von einem Meister zum andern, von einem Dorf zum andern und von einem Jahrmarkt zum andern zog, immer auf der Suche nach Gefangenen, die er befreien, nach Kranken, die er pflegen konnte.

Nach seiner Wiederverheiratung setzte er seine Studien fort. Sein Schwiegervater, ein Kaufmann mit praktischem Sinn, war damit nicht zufrieden und sagte ihm: „Man kann nicht ausschließlich von der Thora leben, du mußt dich und deine Familie auch ernähren.“ Er vertraute ihm eine Summe Geldes an und schickte ihn zum Markt in die Hauptstadt. Mosche Löb zog es natürlich mehr zur Betschul. Am Abend, als der Karren zurückfahren sollte, mußte man ihn suchen. Zu Hause überfielen ihn seine Kinder und riefen: „Papa, Papa, was hast du uns mitgebracht?“ Da fiel er in Ohnmacht und gab später folgende Erklärung dafür: „Plötzlich sagte ich mir, eines Tages wird man dir in der anderen Welt auch diese Frage stellen: Mosche Löb, Mosche Löb, was hast du mitgebracht?“

Von dieser Stunde an schickte sein Schwiegervater ihn nicht mehr zum Markt.

Er hatte keine eigene Philosophie. Er wünschte nur, die Untröstlichen zu trösten, das war alles. Zu einem Armen oder Unglücklichen schickte er keinen Boten, sondern kümmerte sich persönlich um ihn. Er wußte immer, wenn irgendwo Kinder krank waren, dann ging er hin, streichelte ihnen die Hände oder erzählte ihnen Geschichten. Er besaß eine Liste mit allen einsamen Witwen von Sassow. Jeden Morgen suchte er sie auf, um ihnen nur mal guten Tag zu sagen. Man sah nicht selten, daß er auch Christenkinder auf den Armen wiegte und küßte, weil sie krank oder traurig oder allein waren.

Wenn ihr nicht wißt, ob euer Tun richtig ist, dann fragt euch, ob ihr dadurch den Menschen näherkommt. Ist das nicht der Fall, dann wechselt schleunigst die Richtung; denn was euch den Menschen nicht näherbringt, entfernt euch von Gott. Wenn euch die Liebe zu Gott von den Menschen entfernt oder wenn sie eure Liebe zu den Menschen schwächer macht, dann muß sie falsch sein – so lautete die Lehre von Sassow. Man muß Gott *und* die Menschen lieben, nicht Ihn gegen sie oder ohne sie lieben, das war der Chassidismus, wie er in Sassow gelebt wurde.

Im Anfang schuf Gott Himmel und Erde – was bedeutet das eigentlich? „Es bedeutet", sagte Rabbi Mosche Löb, „daß wir vor allen Dingen erkennen müssen, daß die ganze Schöpfung von Gott kommt; daß alle Wesen in Ihm wurzeln und alles, was sie besitzen oder zu besitzen wünschen, Ihm gehört. Wie könnte Gott die Menschen lieben, wenn sie einander nicht lieben?"

Hören wir, was an einem Abend des Kippurfestes geschah. Das Bethaus war brechend voll. Die Männer und Frauen von Sassow warteten mit ihren Kindern auf den Beginn des feierlichen Gottesdienstes, des Kol Nidre, aber der Rabbi hatte Verspätung. Sollte man ohne ihn anfangen? Das war undenkbar. Aber wo steckte er bloß? Was machte er? Gab es denn eine Aufgabe, die dringender oder lebenswichtiger für ihn war als die heilige Gemeinde von Sassow zum Bußgebet und zur Vergebung zu führen?

Die Gläubigen sahen sich fragend an, tuschelten miteinander und wurden von einer namenlosen Angst gepackt. Was war ihrem Zaddik bloß zugestoßen? Hatte der Satan, der ihn fürchtete, ihm etwa eine Falle gestellt oder ihn gar entführt? Die Minuten wurden zur Ewigkeit, die Mienen verdüsterten sich; denn bald sank die Sonne, und dann war es zu spät für das Gebet. Eine Frau stand auf und eilte zur Tür. „Ich habe mein Baby zu Hause gelassen", entschuldigte sie sich bei ihren Nachbarinnen. „Es wird höchste Zeit, es ist spät geworden, und ich fürchte, daß es weint." Sie ging schnell nach Hause und fand einen Mann, der ihrem Kind ein leises, getragenes Wiegenlied sang. Sie stieß einen Schrei aus, denn der Mann war niemand anders als Rabbi Mosche Löb!

„Aber ..., Ihr werdet doch erwartet! Alle warten auf Euch!"

„Ja, ich weiß", sagte der Rabbi, „aber als ich hier vorbeikam, habe ich ein Kind weinen hören und konnte es nicht übers Herz bringen, es allein zu lassen."

In dieser Anekdote zeigt sich noch einmal seine ganze Persönlichkeit. Vernachlässigte er seine Gemeinde, als er das Kind wiegte? Im Gegenteil: er kam ihr dadurch näher.

Lieben heißt für Rabbi Mosche Löb, alles Reden und Tun in Liebe zu kleiden. Liebe ist in seinen Augen allumfassend und kennt keine Bevorzugung.

Eines Tages gab er die letzten Pfennige, die er hatte, einem Säufer, der natürlich nichts Eiligeres zu tun hatte, als sie an der nächsten Ecke in die Kneipe zu bringen.

„Aber, Rebbe", wurde er gefragt, „warum trifft Eure Gutherzigkeit keine bessere Wahl? Daß Ihr gerne den Armen helft, ist verständlich, warum aber einem Trunkenbold?"

„Das ist ganz einfach", erwiderte Rabbi Mosche Löb. „Wer hat mir mein Geld gegeben? Gott – er sei gelobt –, oder stimmt das etwa nicht? Ja, glaubt ihr denn, daß er nichts anderes zu tun hat als zu sortieren und abzuwägen? Warum soll ich es anders machen?" Eines Tages erklärte er, daß ein Armer leichter glauben könne:

„Der Arme hat nichts, also bleibt ihm keine Wahl; er muß ganz auf seinen Glauben setzen. Der Reiche, der materielle Güter besitzt – oder zu besitzen glaubt –, meint, ohne den Glauben auskommen zu können. Sagt mir deshalb, wer der Ärmere von beiden ist?" „Wenn meine Stunde kommt", erklärte er seinen Gläubigen, „und ich vor dem himmlischen Gericht erscheinen muß, werde ich darum bitten, in die Hölle zu kommen. Das schockiert euch? Aber überlegt doch einmal, wer sich im Paradies befindet? Die Weisen, die Heiligen, die Gerechten, und die brauchen mich doch nicht."

Bei anderer Gelegenheit erklärte er:

„Wenn ich in die Hölle gelangt bin, dann werde ich sie – und das schwöre ich euch – nicht eher wieder verlassen, bis ich alle ihre Insassen bis zum letzten Mann mitnehmen kann. Und dem Richter werde ich sagen: Mein Leben lang habe ich versucht, Gefangene zu befreien, warum möchtet Ihr, daß ich jetzt aufhöre?"

Seine Aktivitäten entfaltete er nicht in der Synagoge oder im Bethaus, sondern auf großen Märkten und öffentlichen Plätzen. Dort mischte er sich unter die einfachen Leute, sprach jiddisch, polnisch oder ungarisch mit ihnen, erkundigte sich nach ihren Problemen und versuchte, ihnen die Sorgen zu erleichtern. Wenn er ihnen selbst nicht helfen konnte, kümmerte er sich wenigstens um ihre Pferde, und zwar so gut, daß die Kutscher ihn manchmal für einen Knecht hielten und ihm befahlen, Wasser heranzuschleppen oder ein Tier zu striegeln, was er dann auch tat.

Wie der Bescht war er nicht sehr seßhaft, sondern zog von Dorf zu Dorf, von einem Nest zum andern, von einem Wirtshaus zum andern und war immer auf der Suche nach gefährdeten Menschen und verletzten Seelen. Er wollte ihr Bruder und Gefährte werden.

Als man ihn fragte: „Wie könnt ihr soviel Schmerzen, soviel Unglück mittragen, an so vielen Tragödien Anteil nehmen?" antwortete er: „Wenn ich von ihrem Leid ausgeschlossen bin, habe ich mein Leben vertan: wenn ihr Leid aber auch mein Leid ist – und ich hoffe, daß es so ist –, dann ist es doch normal, daß ich mir Mühe gebe, es zu lindern."

Nur wenige Meister haben das Prinzip, das für den Bescht vorrangig war, nämlich die Liebe zum Nächsten, so hochgehalten.

Aber was ist Liebe, was ist diese Art von Liebe?

„Ich gestehe, ich habe ihre Bedeutung durch zwei Säufer kennengelernt", sagte Rabbi Mosche Löb. „Ich habe sie in einem Wirtshaus gesehen. Sie saßen an einem Tisch, eine ganze Batterie Flaschen vor sich, und tranken und tranken, ohne sich dabei überhaupt anzusehen. Dann und wann machten sie eine Pause und lallten mit schwerer Zunge. „He, Alexej", sagte der Jüngere, „bist du mein Freund? Liebst du mich auch?" – „Sicher, Iwan. Ich bin dein Freund. Ich liebe dich sehr." Halb benebelt leerten sie wie im Traum die nächste Flasche. Dann wandte Iwan sich von neuem an seinen Freund: „Alexej, bist du auch wirklich mein Freund? Liebst du mich wirklich?" – „Natürlich, Iwan." Sie tranken weiter, und das gleiche Frage- und Antwortspiel wiederholte sich immer wieder, bis Alexej schließlich böse wurde: „Wie oft soll ich es dir denn noch sagen, Iwan? Ich bin dein Freund und liebe dich sehr! Bist du eigentlich taub oder betrunken?“ Iwan schwieg eine Weile. Sein Blick wurde schwer, und seine Stimme klang sehr traurig, als er sagte: „Alexej, Alexej, wenn du wirklich mein Freund bist, wenn du mich so sehr liebst, wie du es sagst, wie kommt es dann, daß du nicht weißt, was mir weh tut?“

Die Wahrheit ist überall zu finden, sogar im Munde eines Betrunkenen und im Lärm der Wirtshäuser, allerdings unter der Voraussetzung, daß man sie zuerst durch das Studium sucht. Hätte Rabbi Mosche Löb seine ganze Zeit nur in Kneipen verbracht, wäre er ein Trunkenbold und kein Meister geworden. Die Einfachheit ist weder eine leichte noch eine simple Kunst, um sie zu erreichen, bedarf es mühsamer Lektionen, einer sehr umfassenden Ausbildung und eines harten Stücks Arbeit. Bauer und Dichter benutzen zwar die gleichen Wörter, aber sie haben nicht die gleiche Bedeutung; denn ihre Erfahrungen sind nicht die gleichen.

Aus dieser Geschichte lernen wir auch, daß es wichtig ist, zuhören zu können, mitzufühlen und Dinge zu begreifen, ohne daß sie ausgesprochen werden. Das Gegenteil von Liebe ist nicht Haß, sondern Gleichgültigkeit, das Gegenteil von Leben nicht der Tod, sondern die Gefühllosigkeit. Iwan hat recht: wenn Alexej nicht weiß, was ihm weh tut, ist er nicht sein Freund.

Rabbi Mosche Löb lernte und bildete sich dadurch, daß er unbekannten Menschen, Bauern und sogar Dieben zuhörte. „Eines Tages“, so erzählte er, „verlor ich allen Mut. Ich brauchte dringend Geld, um einen eingesperrten Wirt freizubekommen. Ich klopfte an zahllose Türen und legte mich bei Gutsbesitzern und Kaufleuten für ihn ins Zeug. Es war nichts zu machen. Ich schnürte mein Bündel und wollte gerade abreisen, als man mir meldete, daß ein Dieb, den man soeben gefaßt hatte, mich sehen wollte. Ich eilte also zum Gefängnis, wo man den Kerl dermaßen verprügelt hatte, daß er sich mit gebrochenen Rippen vor Schmerzen wand. Ich erkannte ihn gleich, denn er war nicht zum erstenmal wegen Diebstahls verhaftet worden. Ich hatte mich schon etliche Male bemüht, ihn herauszuholen. ‚He, Freundchen, geht es schon wieder los?' – ‚Ich brauchte Geld', antwortete er. – ‚Schau dich bloß mal an, wie du aussiehst. Ich hoffe, daß dies das letztemal ist.' – ‚Ja', sagte der Dieb. – ‚Gut', rief ich, ‚du wirst also nicht wieder damit anfangen, stimmt's?' ‚Nicht doch', sagte der Dieb, ‚das nächstemal wird man mich nicht erwischen ...'"

„Wißt ihr", erklärte Rabbi Mosche Löb, „was ich von diesem Dieb gelernt habe? Daß man immer wieder neu beginnen muß."

Bei einem Besuch in Jaroslaw wurde er von Rabbi Schimon empfangen, der ihm strahlend entgegenkam und ihn mit blumigen Worten überschwenglich willkommen hieß.

„Laß das", unterbrach ihn Rabbi Mosche Löb, „wir haben Besseres zu tun. Es soll hier eine Frau geben, die bald niederkommt, und die Ärmste hat nicht einmal ein Bett. Komm mit mir. Wir werden Stroh zusammentragen und ihr so etwas wie ein Lager bereiten." Noch eine Geschichte: Rabbi Uri, der berühmte „Seraphim von Strelitz", versuchte soviel Geld zusammenzubringen, wie nötig war, um eine alte Jungfer, die zudem noch Waise war, zu verheiraten. An wen sollte er sich wenden? Natürlich an die reichen Leute, nur kannte er keine. Er kannte bloß Juden, und die brauchten selber Geld, entweder für sich oder für andere. Einer von ihnen war der Rabbi Mosche Löb von Sassow, dem er einen Besuch abstattete. Sie überlegten lange hin und her, schließlich sagte Rabbi Mosche Löb:

„Uri, mein Freund, Mosche Löb würde dir gerne helfen, aber er kann nicht. Er ist selber bitter arm. Aber er will trotzdem etwas für dich tun; er wird für dich tanzen."

Und er tanzte die ganze Nacht. Nach dem Morgengebet sagte er zu seinem Freund:

„Ich muß jetzt fort. Warte, bis ich wiederkomme."

Drei Tage später kam er mit einer beträchtlichen Summe zurück und gab sie Rabbi Uri:

„Hör zu, was mir passiert ist. Vor Jahren kam ich einmal in eine mir völlig unbekannte Gegend und hatte das Glück, einen jungen Mann zu treffen, der bereit war, mich als Führer zu begleiten. Da ich ihn nicht bezahlen konnte, versprach ich ihm, zu seiner Hochzeit zu kommen und zu tanzen ... Und jetzt stieß ich, nicht weit von hier, auf eine Hochzeitsgesellschaft. Ich schaute mir den Bräutigam näher an, und siehe da, es war mein Führer von damals. Ich erinnerte mich an mein Versprechen und begann, für die Neuvermählten zu tanzen. Als sie meine Geschichte erfuhren – deine Geschichte, Uri –, bekamen sie Mitleid mit dem Schicksal der ältlichen Jungfer und öffneten ihre Herzen und ihre Geldbörsen. Geh jetzt, mein Freund, und sage deinem Schützling, nun könne auch sie sich auf ihre Hochzeit vorbereiten."

Und Rabbi Mosche Löb schloß daraus:

„Wenn jemand mich für eine unmögliche Aufgabe braucht, weiß ich, was ich tue: ich fange an zu tanzen."

Ein Mensch kann immer etwas für seinen Freund tun. Eine Möglichkeit, aber nicht die einzige, ist das Gebet. Der Tanz ist eine andere. Was zählt, ist die Mühe, die man sich gibt, und der Wille, dem andern die Hand zu reichen, sich selbst zu geben, wenn man nichts anzubieten hat. Und was ist mit Gott? Dieser Mensch soll sich in seiner Not an Gott wenden, nicht ihr; denn eure Aufgabe ist es, ihm Hilfe zu bringen. Im Namen Gottes, ja, an Stelle Gottes.

Dazu ein Kommentar des Rabbi Mosche Löb von Sassow, der auch anderen Meistern des Chassidismus zugeschrieben wird: Man lehrt uns, daß der göttliche Funke überall vorhanden ist. Sogar in der Sünde und in der Gottvergessenheit? Ja, auch dort. Aber wie ist das denn möglich? Doch, es ist so. Stellen wir uns folgendes vor: ein Bettler trifft einen reichen Mann und bittet ihn um ein Almosen. „Ich würde Euch gern die Hälfte von dem geben, was ich besitze, sogar noch mehr", antwortet der Reiche, „aber ich kann es nicht, ich habe nicht das Recht dazu. Versteht mich, lieber Freund, ich bin gläubig, ich glaube an Gott und seine Gerechtigkeit. Hätte Gott gewollt, daß Ihr mein Geld besitzt, dann hätte er es Euch gegeben. Er hat es aber nicht getan. Wollt Ihr etwa, daß ich gegen seinen Willen handele?" Nun ja, sagte Rabbi Mosche Löb, wenn es um Hilfe für Bettler geht, muß man sich eben ungläubig geben. Ehe man Gott als Vorwand benutzt, soll man ihm dienen, indem man die Ungerechtigkeiten der Menschen wiedergutmacht. Das wäre unmöglich? Keineswegs, denn man findet stets ein Mittel, und wenn man es nicht findet, dann erfindet man es. Es genügt, daß man will und darin eine Herausforderung sieht. Als Rabbi Levi Itzhak von Berditschew krank wurde, schickte er eilends eine Botschaft an seinen Freund Rabbi Mosche Löb von Sassow und flehte ihn an, seiner zu gedenken, wenn er zur Feier des Sabbats tanzte. Da es sich um einen Freund handelte, den er verehrte, zog sich Rabbi Mosche Löb bei dieser Gelegenheit neue Schuhe an. Augenzeugen berichteten später, daß der Rabbi noch nie mit solcher Inbrunst getanzt hätte.

Ist das nicht eine recht naive und einfältige Auffassung des Chassidismus: tanzen, singen, Geschichten erzählen und Almosen sammeln?

An diesem Punkt kann man, wie ich zugeben muß,

seiner Gestalt gegenüber durchaus Vorbehalte haben. Seine allumfassende Liebe, die nichts und niemanden ausläßt, und mehr noch sein Glück sind geradezu aufreizend.

Alle Berichte über ihn lassen ihn zu gut, zu sanft, zu gefügig, zu großmütig – mit einem Wort: zu vollkommen erscheinen. Er geriet niemals in Zorn. Gibt es das? Er ließ sich nie zu etwas hinreißen, kannte keine Ruhe, keine Schonung. Ist ein solcher Mensch noch menschlich?

Andere Rabbiner trachteten danach, das Gefüge der Zeit zu erschüttern, Gottes Hand zum Eingreifen zu zwingen – nicht er. Andere Meister hatten gegen den Zweifel anzukämpfen – nicht er. Sie schlugen sich mit Konflikten, Problemen und Krisen herum – nicht er. Nie wurde er von Verzweiflung heimgesucht, war nie der Schwermut ausgeliefert. Er lebte in Frieden mit sich und dem Himmel und scheint immer nur feierlichen Schrittes durch die Welt gegangen zu sein.

Instinktiv gab ich den Traurigen und Dunklen den Vorzug, liebte ihre dunklen Geheimnisse. Ich floh von Sassow nach Kozk und Brazlaw, wo die Meister nach Entwürfen, die dem Anschein nach Gegensätze waren, ein Leben lebten, das vielgestaltig und intensiv war. Ich liebte ihre Unruhe mehr als die ein wenig frömmelnde Barmherzigkeit des Rabbi von Sassow.

Ich widerstand jedoch der Versuchung, Rabbi Mosche Löb samt seinen guten Werken hinter mir zu lassen, als mir ein kleiner Text in die Hand fiel, der mich zweifeln ließ, ob dieser Mann wirklich so aus einem Guß gewesen war, wie es auf den ersten Blick schien. Auch er hatte sich mit einem ganzen Heer dunkler Schatten herumschlagen müssen.

Für den Psalmvers „Glücklich der Mensch, den Gott zur Züchtigung auserwählt hat“ hatte Rabbi Mosche Löb eine andere Lesart: „Glücklich der Mensch, der wagt, Gott zu züchtigen", d.h., der den Mut hat, ihm harte Fragen zu stellen und ihn an seine Pflichten seinem Volk gegenüber zu erinnern.

Stritt auch er mit dem Himmel, rechtete auch er mit Gott, dem Gott des Erbarmens und der Liebe? Demnach wäre er doch nicht so abgeklärt und heiter gewesen, wie es den Anschein hatte. Wenn er dem Gott des Erbarmens den Prozeß machte, dann fühlte auch er sich am Ende! Alles, was ich über ihn zu wissen glaubte, wurde dadurch wieder in Frage gestellt.

Ich nahm meine Forschungen wieder auf und stieß auf eine neue Anspielung: „Rabbi Mosche Löb", sagte sein Schüler, der Zaddik von Lenzne, „ist ein wahrer Wundertäter, denn er selbst ist ein lebendes Wunder; sein Herz ist gleichzeitig gebrochen und ganz." Sein Herz war gebrochen? So war es in der Tat, aber nur wenige ahnten es. Er war so darauf bedacht, Freude um sich zu verbreiten, daß niemand etwas von seiner Trauer bemerkte. Die Maske, die er trug, war ein guter Schutz. Sie verbarg ein Geheimnis, seine Schwermut, von der niemand etwas ahnte.

Einmal begab er sich als Begleiter Rabbi Schmelkes nach Wien. Sie legten einen Teil der Reise auf der Donau zurück. Es herrschte Tauwetter, das Schiff rammte plötzlich einen mächtigen Eisblock und drohte zu sinken. Passagiere und Besatzung schrien, verloren die Fassung und rannten wie wild hin und her, nur Rabbi Mosche Löb nicht. Der fing an, zu klatschen und zu rufen: „Um so besser, um so besser! Ich werde dann zum Himmel aufsteigen und dort unsern Vater treffen!"

Es wird auch berichtet, daß er manchmal stundenlang in völliger Stille und Einsamkeit meditieren konnte. Dann strömten Tränen aus seinen Augen, und seine Lippen bewegten sich lautlos und stumm. Das waren die Augenblicke, da sein Geist in den himmlischen

Sphären weilte und Wunder vollbrachte. So waren seine Heiterkeit und sein Tanz nur Täuschung, war seine Freude nur ein Schutzschild? Hat er möglicherweise die andern zu trösten versucht, weil es für ihn keinen Trost mehr gab? Und könnte es sein, daß er gesungen und getanzt hat und seine Gläubigen singen und tanzen ließ, weil er dessen ebenso bedurfte wie sie? Sein Sohn erzählt von einem Kindheitserlebnis. Damals war er fünf Jahre alt, und sein Vater nahm ihn zur Rosch-Haschana-Feier mit:

„Ich versteckte mich unter seinem Talit, seinem Gebetsschal, und mitten in einem feierlichen Gebet hörte ich plötzlich, wie er mit Gott jiddisch sprach: ‚Herr der Welt, seit Jahren, seit Generationen, seit Jahrhunderten schon richten wir unser Flehen zu Dir, und Du hast uns noch immer nicht den Messias gesandt. Du weißt es sehr wohl, Du müßtest es wissen: wir können nicht mehr, hörst Du mich, Herr des Himmels, wir können nicht mehr.'"

Bei einem seiner Nachbarn waren mehrere Kinder nacheinander im zarten Alter gestorben. Die Mutter vertraute eines Tages ihren Kummer der Frau des Zaddik an:

„Was für ein Gott ist denn der Gott Israels? Er ist grausam und nicht barmherzig. Er nimmt, was Er gegeben hat."

„Du darfst nicht so reden", sagte die Frau des Zaddik, „so darfst du nicht reden. Die Wege des Himmels sind unergründlich. Man muß lernen, sein Schicksal anzunehmen."

In diesem Augenblick erschien Rabbi Mosche Löb auf der Türschwelle und sagte der unglücklichen Mutter:

„Und ich sage dir, Frau, man muß es nicht annehmen! Man muß sich nicht unterwerfen. Ich rate dir, zu rufen, zu schreien, zu protestieren, Gerechtigkeit zu fordern, verstehst du mich, Frau? Man darf es nicht annehmen!"

Sicher hat die Persönlichkeit des Rabbi Mosche Löb jenseits der erbaulichen Seiten, jenseits der Freude und Glaubensgewißheit auch Schattenzonen. Auch er stößt auf Hindernisse, die er überwinden muß, auch ihm werden Fallen gestellt, in die er nicht hineintappen darf. Seine Ergebung zeigte sich nur nach außen und war allenfalls vorübergehend. Auch er mußte oft aus abgrundtiefer Schwermut emportauchen, mochte es ihm auch häufig gelingen, sie hinter seiner Freude zu verstecken. Seine Größe bestünde also darin, daß es etwas gab, worin er den andern großen Meistern glich.

Wie sie sehnte er sich manchmal nach dem Alleinsein. „Wer nicht täglich eine Stunde opfert, um allein zu sein, ist nicht menschlich", sagte er. Wer nur für andere lebt, läuft Gefahr, daß er zu sehr nach draußen schaut und sich dabei selbst vernachlässigt.

Wer gibt, muß etwas haben, das er geben kann, oder anders gesagt: Wer sich selbst geben will, muß er selbst sein. Ein Mensch, der nur an andere denkt, denkt am Ende überhaupt nicht mehr. Auch der, der nur für die anderen leben will, muß ab und zu allein bleiben, um mit den andern besser auszukommen. Deshalb hatte Rabbi Mosche Löb das Bedürfnis, allein zu sein, aber seine geheime Angst ließ er nur Gott wissen.

Eine seiner Bemerkungen ist geeignet, die spätere Schule von Pžycha zu charakterisieren: „Was ist das Leben? Es ist wie eine Rasierklinge, auf der du gehst. Obwohl rechts und links der Abgrund gähnt, gehst du doch weiter."

Wie die meisten seiner Standesgenossen brauchte Rabbi Mosche Löb nur um sich zu schauen, um den Abgrund zu erblicken. Aber wie sie vermochte er Furcht und Trübsal zu überwinden, und wie sie war er imstande weiterzugehen.

Gegen Ende seines Lebens hatte er zwei enge Freunde, die nicht von seiner Seite wichen. Es waren zwei Spaßvögel, und wenn seine Traurigkeit unerträglich wurde, erzählten sie ihm unentwegt lustige Geschichten, um ihn zum Lachen zu bringen – und dann war sein Lachen nicht zu ertragen.

Mit 59 Jahren wurde er schwer krank, die Ärzte hatten keine Hoffnung mehr, und er wußte es. Seine Schmerzen wurden immer heftiger, aber er klagte nie und wiederholte immerfort: „Ich wünsche nicht, daß ich nicht leiden muß, weil ich weiß, daß das nicht möglich ist. Ich wünsche nur, daß ich für das Volk Israel leiden darf."

Zu einem seltsamen Zwischenfall kam es bei seiner Trauerfeier. Wie aus dem Nichts tauchte plötzlich ein Wagen mit Musikanten auf. Der Kutscher gab den Gläubigen, die sich auf dem Friedhof versammelt hatten, folgende Erklärung für ihr Kommen:

„Wir wissen nicht, was geschehen ist. Wir waren auf dem Wege nach Brody, wo wir bei einer Hochzeit erwartet wurden. Plötzlich scheuten die Pferde und fingen an zu rennen, rasten schneller als der Wind, es war unmöglich, sie zum Halten zu bringen – und jetzt sind wir hier."

Ein alter Musiker fragte, wen man denn begrabe; und als man es ihm sagte, schrie er:

„Was, Rabbi Mosche Löb von Sassow? Aber dann ist alles klar! Ich erinnere mich ... Vor vielen Jahren waren wir einmal beisammen. Der Zaddik hatte die Hochzeit von zwei armen Waisen gerichtet, wir haben zu Ehren des jungen Paares gespielt, und er tanzte. Ich kann mich an eine Melodie erinnern, die der Zaddik ganz besonders liebte. Er liebte sie so sehr, daß er uns das Versprechen abnahm, sie bei seiner Beerdigung zu spielen. He, Freunde, worauf warten wir noch? Laßt uns spielen! Wir wollen dem großen Zaddik Rabbi Mosche Löb mit seiner Melodie das Geleit geben! Laßt uns spielen, ihm zu Ehren, meine Freunde; denn er hat uns die Ehre erwiesen, unser Zeitgenosse zu sein!"

Bevor wir nun Sassow verlassen, wollen wir uns noch Zeit für eine letzte Frage nehmen. War Rabbi Mosche Löb der Vorläufer jener Männer und Frauen, die schutzlos und wehrlos Generationen und Ewigkeiten später weitergesungen und -getanzt haben, sogar in den Gettos, sogar noch mitten im Reich der Nacht, sogar noch auf dem Wege in den Feuerschlund?

War ihr Gesang der Widerhall seiner Gesänge? Ist Freude möglich, ist Glaube möglich, ist Hoffnung erlaubt, wenn der Tod unumschränkt herrscht? Sollte die Freude die notwendige, aber unmögliche Antwort darauf sein?

Gibt es überhaupt eine Antwort? Rabbi Mosche Löb von Sassow, Sinnbild der chassidischen Barmherzigkeit und Liebe, hatte sie auf seine Weise formuliert:

„Wenn ihr das Feuer finden wollt, sucht es in der Asche."

Rabbi Meir von Przemyslany
oder
die chassidische
Einfachheit

In dieser Nacht war Rabbi Meir allein mit seinem Freund und treuen Diener Reb Arje. Der Meister meditierte, und Reb Arje betete die Psalmen. Draußen schneite es, die Straßen glichen ausgeworfenen Gräben, das Dorf lag im Schlaf unter einem glitzernden Himmel.

Um Mitternacht stieß Rabbi Meir einen Seufzer aus und setzte sich, der alten Tradition getreu, auf den Boden, um die Zerstörung des Tempels zu beweinen und über das Exil Gottes zu klagen, das nun schon seit Ewigkeiten dauerte.

Es war kalt im Zimmer, doch Rabbi Meir spürte die Kälte nicht; denn sein Geist hatte ihn in weite Fernen entführt. Im Schweigen seines Herzens flüsterte er: Mach schnell, Gott Abrahams, Isaaks und Jakobs. Deine Geduld ist keine Tugend mehr. Wir, deine Kinder sind am Ende. Sieh uns an. Wir sind erschöpft, vor

Schwäche gebeugt und ganz niedergeschlagen. Tu etwas, Herr. Wenn nicht für uns, dann um der Liebe deines Namens willen!

Seit vielen Jahrhunderten wiederholen die Boten des jüdischen Leidens und der jüdischen Hoffnung um dieselbe Stunde diese Litanei und vergießen dieselben Tränen in der Stille derselben Nächte, die ohne Antwort bleiben.

Sollte Rabbi Meir von Przemyslany mehr Glück als die anderen haben? Sollte sein Gebet erfolgreicher sein als ihre Bitten. Er hielt sich nicht für würdiger, sondern eher für geringer. Und trotzdem sprach er die gleichen nächtlichen Worte wie so viele andere vor ihm und so viele andere nach ihm. Morgen beginnt ein neuer Tag mit den gleichen Stunden und gleichen Sorgen. Alle Flüsse fließen ins Meer, die Tränen auch – und das Meer fließt niemals über, aber das Herz des Menschen muß überfließen.

Plötzlich zuckte Rabbi Meir zusammen. Es hatte geklopft. Reb Arje erbleichte. Wer kann das sein? Ein Freund oder ein Feind? Ein Abgesandter oder ein Opfer des Teufels?

„Öffne", befahl Rabbi Meir.

„Aber wir wissen doch nicht, wer es ist!"

„Öffne, sage ich dir!"

„Aber Rabbi, wenn es nun ein Betrunkener ist, der uns etwas antut?"

„Öffne! Vielleicht ist es einer, der Hilfe braucht? Ein verängstigter Ehemann, ein verzweifelter Vater. Ein entsprungener Gefangener. Worauf wartest du noch?"

Reb Arje öffnete, und vor ihm stand ein Soldat, der auf jiddisch bat, eintreten zu dürfen.

„Ich habe Hunger", sagte er.

Rabbi Meir eilte in die Küche, kam mit Brot und Milch zurück und stellte beides auf den Tisch. Der Soldat aß, ohne ein einziges Wort zu sagen.

„Sag mal", begann Rabbi Meir, „es sieht so aus, als ob du völlig ausgehungert bist, gibt's in der Kaserne nichts zu essen?"

„Oh doch."

„Ja, und ..."

„Die Sache ist ganz einfach. Das Essen dort ist nichts für mich. Ich bin Jude, versteht ihr jetzt? Ich wurde zwangsweise eingezogen, als ich fast noch ein Kind war. Ich habe deshalb keine Zeit gehabt zu lernen, was ein Jude tun muß und was er nicht tun darf. Alles, was ich weiß, ist daß ein Jude koscher essen muß. Deshalb suche ich überall, wo mein Regiment durchzieht, ein jüdisches Haus, um koscher zu essen, damit ich nicht vergesse, daß ich Jude bin."

Tief bewegt ging Rabbi Meir ans Fenster und betrachtete den Schnee, der das Dorf langsam unter sich begrub. Lange schwieg er, dann seufzte er tief auf und sagte:

„Arje, mein Freund, höre gut zu: der Messias wird eines Tages kommen, das ist sicher, aber wem werden wir es verdanken, daß er kommt? Dem Meir? Nein. Dir vielleicht? Auch nicht. Er wird kommen dank dieses Soldaten, der an die Türen klopft, um uns daran zu erinnern, wer wir sind."

Herrlicher Rabbi Meir – oder Rabbi Meirl – wie man ihn liebevoll nannte! Jemand pocht an seine Tür, und herein tritt nicht der Prophet Elias und auch kein Gerechter, der sich als Soldat verkleidet hat. Nein, ein ganz gewöhnlicher Soldat, der nicht um Wunder bittet, noch um Gebete oder Antworten auf die großen Lebensfragen, nein, er bittet ganz einfach um etwas zu essen.

In der chassidischen Welt unterscheidet sich jeder Rabbi vom andern durch einen hervorstechenden Charakterzug, durch Freude oder Traurigkeit, Zorn oder Ekstase, Weisheit oder Lachen. Welchen Stempel könnte man Rabbi Meir von Przemyslany aufdrücken? Es scheint, als gäbe es nichts Bezeichnendes.

Manche Chronisten sagen ganz offen, daß er nicht so geschätzt wird, wie er es verdient hätte: „Eine Persönlichkeit wie er", sagt der Historiker Aaron Marcus, „hätte anderswo Millionen Verehrer angezogen." Bei uns wurde er kaum beachtet.

Rabbi Schlomo Kluger von Brody erklärte öffentlich, er sei erstaunt, feststellen zu müssen, daß Rabbi Meir von Przemyslany trotz seiner Größe nicht berühmt gewesen sei: „Zweifellos hat man ihn nicht verstanden." Ein anderer Kommentator notierte ganz einfach: „Er hatte kein Glück."

Wir sind also vorgewarnt. Erwarten wir nicht zuviel von Rabbi Meir von Przemyslany, er war so etwas wie ein „Armenrabbiner". Er kann sich mit keiner außerordentlichen Entdeckung brüsten. Er verursachte keinen Aufruhr in den irdischen oder himmlischen Sphären. Er eroberte keine große Festung für das chassidische Reich. Keine Lehre verbindet sich mit seinem Namen, er hat kein eigenes System entwickelt. Wer seine Worte liest und die Geschichten hört, die über sein Leben erzählt werden, gewinnt den Eindruck, daß er nur ein Rabbi unter vielen anderen ist. Allerdings bescheidener als die meisten und weniger undurchsichtig.

Natürlich wurde er geliebt. Wie kann man einen Zaddik nicht lieben, den das Glück systematisch zu vernachlässigen scheint? Wie kann man keine herzliche Zuneigung für einen Rabbi empfinden, der sein Leben der Befreiung von Gefangenen weihte. Ebenso wie Rabbi Mosche Löb von Sassow von der Leidenschaft verzehrt wurde, unglückliche Waisen zu verheiraten, ließ Rabbi Meir das Schicksal der im Gefängnis vergessenen Opfer nicht los. Er ist fest davon überzeugt, daß er selbst kein freier Mann ist, solange einem Unschuldigen seine Freiheit genommen ist.

Er ist ständig von Gefängnis zu Gefängnis, von Kerker zu Kerker unterwegs. Er ist die einzige Verbindung zwischen den Eingesperrten und ihren Familien, zwischen denen, die in ihren Zellen schmachten, und denen, die sie vergessen und abgeschrieben haben.

Ein Rabbi wie die anderen? Auf den ersten Blick erscheint er weniger groß, weniger großartig. Ihm fehlen ein gewisser Stil und jene Größe, die auf uns Eindruck machen. Er ist zu einfach. Doch seien wir vorsichtig, denn der Chassidismus hat uns gelehrt, uns nicht zu sehr auf Äußerlichkeiten zu verlassen. Schauen wir uns seine Beziehungen zu den Zeitgenossen und auch seine Beziehung zum Tod einmal näher an. Vielleicht wird dann klar, daß seine Einfachheit hart erkämpft war. Es ist nicht leicht, ihn kennenzulernen, weil alles zu leicht erscheint. Keine Mauer steht zwischen ihm und seinen nicht sehr zahlreichen Anhängern. Die Leute kommen nicht zu ihm gelaufen, sondern er ist unterwegs zu ihnen und zieht von Ort zu Ort. Wenn ihr ihn braucht, kommt er zu euch, ohne Umstände zu machen. Sagt ihm, daß ihr Schmerzen habt, und er wird euer Gefährte sein. Sagt ihm, daß ihr Hunger habt, und er wird euer Bruder sein. Das ist alles. Man könnte sagen, daß bei ihm alles klar ist: es gibt kein Geheimnis und kein Drama, keinen düsteren Hintergrund, kein verborgenes Leben. Sein Leben ist wie ein Buch, in dem jeder blättern kann. Und doch wäre es falsch, daraus voreilige Schlüsse zu ziehen; denn Menschen, über die man sich zu sehr im klaren ist, haben oft verborgene Tiefen.

Über seine Eltern ist uns so gut wie nichts bekannt. Man weiß gerade noch, daß er der Enkel des „Großen Rabbi Meir von Przemyslany“ war, einem Gefährten und Freund des Bescht. Er wurde 1780 geboren und starb mit 70 Jahren. Er war Schüler des Sehers von Lublin, Freund des Rabbi Israel von Rižin und Gegner des Seraphim, des Rabbi Uri von Strelitz. Wir wissen nicht, ob seine Jugend ruhig oder sehr bewegt war. Zwei Dinge sind uns jedoch überliefert. Bereits mit 10 Jahren konnte er sagen, ob eine Kuh oder ein Kalb koscher waren oder nicht; und an einem Sabbatabend, als für das Mahl kein Fisch da war, machte er ein Loch in sein Taschentuch, warf es in den Bach und zog damit einen Karpfen heraus, obwohl es diesen Fisch dort vorher nie gegeben hatte. Die Leute begannen schon damals zu glauben, daß er mit besonderen Kräften begabt sei.

Lange lehnte er es ab, zu heiraten, bis schließlich Rabbi Levi Jitzhak von Berditschew ihn dazu brachte, einen Hausstand zu gründen. Wer hätte denn auch die Ratschläge eines solchen Heiratsvermittlers ablehnen können. Er heiratete die Tochter eines berühmten Kabbalisten, des Rabbi Itamar Hakohn. Sie hatten einen Sohn und fünf Töchter. Der Sohn wurde Rabbiner, und die Töchter heirateten Rabbiner.

Er war Schüler von Rabbi Mordechai von Kremenitz, den er als seinen Meister ansah. Rabbi Schlomo Krüger, Rabbi Joseph-Schaul Natanson und Rabbi Chaim von Zanz betrachteten ihrerseits ihn als ihren Rabbi. Sie besuchten ihn, um mit ihm über ihre Probleme zu diskutieren, oder auch nur, um mit ihm einen Sabbat oder ein Fest zu feiern.

Alle Quellen betonen ausdrücklich, daß er gerne die Gesellschaft einfacher Leute suchte; er war gütig und liebevoll im Umgang mit ihnen. Seine scharfen Entgegnungen, die manche Chronisten als aggressiv bezeichnen, hob er für die Mächtigen und Einflußreichen auf. Ob sein Reden freundlich oder kritisch war, es bestach durch seine Kürze. Jeder Satz hatte die Dichte einer Maxime. Mit den gleichen Worten konnte er die Großen irritieren und die Kleinen beruhigen.

Es gibt zahlreiche Legenden über seine Wunderkraft, die auf die Dauer eintönig wirken. Es ist immer dieselbe Geschichte und der gleiche Mechanismus. Ein Mann bzw. eine Frau weint vor Verzweiflung und bittet Rabbi Meir, etwas zu unternehmen, und dieser, seiner Aufgabe getreu, versucht zu helfen. Wenn Worte als Hilfe genügen, hat er bald die richtigen gefunden, genügt das nicht, dann hält er nach einem wirksamen Mittel Ausschau, und wenn alles schiefgeht, greift er zum Wunder. Wie alle – das heißt wie alle andern chassidischen Meister – glaubt er, nicht das Recht zu haben, unglücklichen Menschen ein Wunder zu verweigern, an das sie sich klammern können, um zu überleben oder um wenigstens ans Überleben zu glauben.

Wenn diese Wundertaten Sie enttäuschen, dann stehen Sie damit nicht allein da. Die Schule von Pžycha, später auch die von Kozk, bekämpfte die Wundertäter, die in der Bewegung Boden gewannen. Die Schüler Rabbi Bunams und Rabbi Mendels predigten die Rückkehr zu den Quellen, wo das Übernatürliche nur eine untergeordnete Rolle spielte und einzig die Wahrheit und die Suche nach der Wahrheit wichtig waren.

Ob Rabbi Meir deswegen keine respektvolle Bewunderung bei seinen Kollegen und ihren Anhängern fand? Er vollbrachte ihnen zu viele Wunder. Aber hören Sie einmal die folgende Geschichte.

Rabbi Meir von Przemyslany schickte eines Tages einen Boten nach Rižin, um Rabbi Israel eine dringende Nachricht zu überbringen. Der Auftrag war so geheim, daß der Bote den Brief in seinem Schuh versteckt hatte.

Im Hof des Rižiners angekommen, bat er vorgelassen zu werden. Die Sekretäre erwiderten, das sei unmöglich, der Zaddik empfange diese Woche nicht. Als sie aber hörten, daß er einen Brief des Rabbi Meir von Przemyslany bei sich trug, machten sie eine Ausnahme. Der Rižiner befand sich gerade in einer Periode tiefer Niedergeschlagenheit, und Rabbi Meir war der einzige, der ihm helfen konnte, indem er ihn zum Lachen brachte.

Der Bote wurde also in das Zimmer des Zaddik von Rižin geführt, ließ sich dort auf den Boden fallen und zog seinen Schuh aus, um das Geheimschreiben herauszuholen. Er reichte es dem Zaddik, der es lächelnd überflog. Sein Freund schrieb ihm: „Meirl möchte Euch eine wichtige Frage stellen. Wir haben bald Schawuoth, das Fest zur Erinnerung an den Empfang der Thora, das Pfingstfest, und traditionsgemäß essen wir Kreplach, aber unsere Weisen sagen uns nicht, wieviel wir essen dürfen. Ein einziges? Wenn das ein so ehrwürdiger Brauch ist, dann ist das zweifellos zuwenig. Zwei? Das ist eine Paarzahl und demnach unrein. Drei? Das ist vielleicht zuviel; ich jedenfalls möchte nicht als verfressen gelten! Was tun?" Der Rižiner verkneift sich das Lachen und überlegt nur eine Sekunde: „Sag deinem Rabbi, er soll eins essen, aber eins, das so groß ist wie zwei."

Eine andere Geschichte:
In der Stadt Sutschewa lebte ein Mann namens Nathan Simon, der sich zu seinem Unglück weigerte, die Größe der chassidischen Meister anzuerkennen. Gleichwohl brauchte er sie, denn er war krank, und kein Arzt konnte ihn heilen. Zudem war seine Frau trotz ihres gesunden Aussehens unfruchtbar. Sie war es, die ihn schließlich drängte, den Rabbi Meir von Przemyslany aufzusuchen:

„So viele Leute gehen hin, geh du auch hin! Was kostet es dich denn schon?"

„Dafür ist mir die Zeit zu schade."

„Nun gut", sagt die Frau, „ich habe ihn bereits besucht, und er hat mir etwas anvertraut, was dich betrifft. Du warst doch letzte Woche auf Reisen, nicht wahr? Du warst geschäftlich in Galatz, sagtest du? Aber du hast dort etwas anderes getan. Rabbi Meir weiß Bescheid. Mehr sage ich nicht."

Der Ehemann erbleichte und beschloß, sich nach

Przemyslany zu begeben. Weil er es nicht wagte, seinen Freunden die Wahrheit zu sagen, gab er vor, nach Lemberg reisen zu wollen. Kaum hatte er die Schwelle des Hauses von Rabbi Meir betreten, da wurde er von diesem voller Wut zurückgeschickt: „Geh nach Hause und sag die Wahrheit. Sag, daß du nach Przemyslany gehst und zu welchem Zweck, nämlich um Meirl zu sehen." Der arme Kerl mußte gehorchen, und von da ging er immer häufiger zum Zaddik von Przemyslany und wurde ein glühender Verehrer von ihm. „Da du in der Nähe der Grenze wohnst, kannst du uns eines Tages von Nutzen sein", sagte Rabbi Meir zu ihm.

Und so war es. Ihm gelang es, den Rižiner über die Grenze zu bringen, als er aus dem zaristischen Rußland floh, um in das kaiserliche Österreich zu gehen. Er trug ihn buchstäblich auf seinen Schultern bis zum Grenzposten. Dort sagte er zum Rižiner, er solle sich verstecken und auf ihn warten. Der Zaddik hockte sich nieder, und der Grenzgänger ging hinein und schlug den Zöllnern vor, mit ihm eine Partie Karten zu spielen. Da er ein geschickter Spieler war, drehte er es absichtlich so, daß er vierhundert Rubel verlor. Die Gewinner waren außer sich vor Freude, begannen zu trinken und zu singen, und inzwischen machten sich die beiden Männer aus dem Staube. Noch in der gleichen Nacht gelangte der Rižiner nach Sedigor, wo er seinen neuen Hof einrichtete. Sein Leben lang war er Rabbi Meir dankbar, daß er diese abenteuerliche Flucht in die Wege geleitet hatte.

Rabbi Meir von Przemyslany hatte also Nathan Simon in Galatz gesehen und vorausgesehen, daß er eine entscheidende Rolle bei der Flucht des Rižiners spielen würde. War das schon ein Wunder? Wir haben bereits gesagt, daß es in seinem Leben deren viele gab. Manchmal, wird gesagt, bediente er sich dieser Gabe einfach nur, um einen Gegner oder einen Spaßvogel zu beschämen.

Unter dem Vorwand, er brauche seine Fürsprache, besuchte ihn einmal ein Feind des Chassidismus. Wie üblich gab er ihm für seine „Dienste" einen Zehnkronenschein. Der Rabbi verabschiedete sich von ihm, und zur großen Überraschung Reb Arjes nahm er den Schein und zündete sich damit seine Pfeife an. Eine Stunde später tauchte die Polizei auf und durchsuchte die Wohnung von oben bis unten nach falschen Banknoten.

Der Blick des Rabbi durchdrang Zeit und Raum und das noch undurchdringlichere menschliche Herz.

Wenn wir von Rabbi Meir nichts anderes wüßten, dann wäre er kein besonders bemerkenswerter Fall. Doch er war auf seine Art ebenso vielschichtig und geheimnisvoll wie viele andere Meister, deren Schicksal uns auf diesen „Pilgerfahrten" beschäftigt. Aber er ist schwer zu fassen. Wir wollen versuchen, sein Bild wenigstens in Umrissen zu zeichnen. Weil er für uns nicht direkt greifbar ist, wollen wir seine Umgebung fragen, um von dort aus seine Gestalt etwas deutlicher sichtbar zu machen. Wir richten unser Augenmerk auf zwei Personen: auf seinen besten Freund und auf seinen schlimmsten Feind. Seinen besten Freund haben wir gerade in Sedigor, in seinem herrlichen Palast, verlassen. Rabbi Israel von Rižin hatte alles, was Rabbi Meir nicht besaß: er war vermögend, einflußreich, berühmt, selbstsicher, liebte Macht und Ehre; sein adeliges Auftreten und seine gewählte Sprache wirkten geradezu königlich. Er verkörperte den Traum, der aus einem Rabbi nicht nur einen Lehrer, sondern auch einen Herrscher macht. Er besaß eine Luxuswohnung, trug prächtige Kleider, hatte einen mehr als hundertköpfigen Stab von Sekretären, Köchen, Musikern, Dienern und acht weiße Pferde, die vor eine vergoldete Karosse gespannt wurden. Als Nachfahre Davids war er darauf bedacht, den armen und verachteten Juden die Zeichen ihres unsterblichen Königreiches sichtbar vor Augen zu führen.

Rabbi Meir von Przemyslany bewohnte immer nur ein kleines Haus, zuerst bei seinen Eltern, dann zusammen mit seiner Frau Malke und ihren Kindern. Um für ihren Lebensunterhalt zu sorgen, nahm er alle möglichen Beschäftigungen an, häufig arbeitete er als Hauslehrer für reiche Kinder.

Der Rižiner ließ sich seine Mahlzeiten auf feinen Porzellantellern und mit goldenen Bestecken servieren, während der von Przemyslany oft nichts zu beißen hatte. Rabbi Israel sammelte Reichtümer an, während Rabbi Meir das wenige, das er besaß, noch verteilte.

Wie soll man die Freundschaft zwischen diesen beiden Männern erklären, wie sie verstehen können? War es Dankbarkeit, die der Rižiner für den von Przemyslany hegte wegen seiner Dienste beim Grenzübertritt? Doch bestand ihre Freundschaft bereits zu der Zeit, als Rabbi Israel noch in Rižin residierte. Was zog sie gegenseitig an? War es ihre Verschiedenheit?

Eines Tages trafen sie sich unterwegs auf einer Landstraße. Der Rabbi von Przemyslany reiste in einem bescheidenen Wagen, der von einem Pferd gezogen wurde, das recht klapprig aussah, der Rižiner in seiner reichen Kutsche, die mit seinen vor Gesundheit strotzenden Pferden bespannt war. Dem Rižiner war nicht ganz wohl dabei, und er glaubte sich rechtfertigen zu müssen:

„Die Straßen sind schlecht, und bei diesem Regenwetter würde ein einziges Pferd nicht genügen, mich aus dem Schlamm zu ziehen.“ „Meir versteht“, erwiderte der Przemyslaner, der von sich selbst gern in der dritten Person wie von einem Fremden sprach. „Ja, Meir versteht, der Schlamm ist gefährlich, man kann nur allzu leicht darin steckenbleiben. Ja, ihr braucht eure

Pferde. Aber seht, der Rabbi von Przemyslany, Meir, hat nur ein einziges Pferd, deshalb paßt er auf, sehr genau auf, daß es nicht zu nahe an den Schlamm herankommt."

Das konnte sich der Rižiner hinter den Spiegel stekken. Er, der sonst immer das letzte Wort haben mußte, verzichtete darauf bei seinem Freund, der oft genug darauf aus war, seine Geduld auf die Probe zu stellen.

Eines Tages schickte er einen notleidenden Chassid zu ihm, dem er folgenden Rat gab:

„Der Rižiner da oben kann dir nützlicher sein als ich. Aber tu, was Meirl dir sagt. Wenn du in Sedigor ankommst, sprich beim Zaddik von Rižin vor; wenn man dich fortschickt, bleibe hartnäckig, sage, daß du in meinem Namen kommst und dringend beim Rabbi vorgelassen werden mußt. Sobald du in seinem Zimmer bist, fange sofort an, eine Sabbatmelodie zu singen, auch wenn es mitten in der Woche ist. Hast du mich verstanden? Dein Heil hängt davon ab."

Der Mann ging nach Sedigor, eilte zum Palast, sprach beim wichtigsten Sekretär des Rižiners vor, erklärte ihm den Zweck seines Besuchs und erwähnte den Namen des Przemyslaners. Er wurde zum Zaddik geführt, und ohne das übliche „Schalom" zu sagen, legte er los und sang wie verrückt eine Sabbatmelodie, obwohl erst Mittwoch war. Darüber schüttelten sich der Rižiner und seine ganzen Sekretäre vor Lachen, und auch alle Umstehenden stimmten in das Lachen ein. Niemals hatte man in Sedigor mit solcher Lautstärke gelacht. Schließlich beruhigte sich der Zaddik und sagte zu seinem Besucher:

„Ich weiß nicht, was der Rabbi von Przemyslany von mir will, noch weshalb er dich hergeschickt hat, aber du hast mir etwas Gutes getan, und deshalb hat der Przemyslaner auch dir etwas Gutes getan."

Ein anderes Mal schickte er einen seiner Jünger nach Rižin und ließ Rabbi Israel sagen:

„Er soll wenigstens dies eine wissen: er folgt der großen Straße, während Meirl einen kleinen Weg benutzt, aber beide werden denselben Ort erreichen, und zwar zusammen."

Nehmen wir unsere Frage wieder auf: Was hat diese beiden so verschiedenen Meister einander so nahe gebracht? Waren sie sich denn überhaupt so nahe? Geistig und menschlich sicher, aber nicht in der Praxis des Alltags. Sie trafen sich selten und beteten und studierten auch nicht miteinander. Sie blieben in Verbindung durch Boten, durch anonyme Abgesandte, und waren trotzdem Freunde. Aber eines ist klar und deutlich, daß ihre Freundschaft solide war und von keinem in Frage gestellt wurde. Worauf gründete sie? Vielleicht glaubten beide an den chassidischen Pluralismus und wußten, daß es mehr als eine Möglichkeit gab, die Prinzipien des Bescht in die Tat umzusetzen. Studium ohne Gebet ist ebenso unfruchtbar wie Gebet ohne Studium. Wer ausschließlich die Meditation gelten ließe oder nur die Barmherzigkeit, oder nur die Wunder, nur die Armut oder die vornehme Lebensart, würde höchstens das Bild des Meisters wie seines Schülers entstellen. In der Schöpfung ist nichts monolithisch. Die Worte erhalten ihr Gewicht durch das Schweigen, und das Schweigen vollendet sich innerhalb der Worte, die es einschließen. Gott braucht den Menschen zu seinem Ruhm, und der Mensch braucht Gott zu seinem Gedächtnis. Wer die Armut liebt, kann ein treuer Chassid sein, und wer nach Reichtum strebt, kann ebenfalls ein guter Chassid sein, allerdings mit dem Vorbehalt, daß der Mensch nicht einsam und zugleich Chassid sein kann. Przemyslany und Rižin verkörpern beide auf ihre Weise einen Protest gegen die menschliche Einsamkeit, denn diese ist der göttlichen Einsamkeit entgegengesetzt, an der sie nicht teilhaben kann.

Wir dürfen demnach vermuten, daß der Przemyslaner richtig erkannt hatte, daß der Rižiner und er zwei verschiedenen Wegen folgten, jedoch mit der Absicht, zusammen am selben Punkt anzukommen. Besser gesagt: um zusammen ankommen zu können, mußten sie verschiedene Straßen gehen. Jeder brauchte den andern, um auf seinem eigenen Weg voranzuschreiten, und war sich bei jedem Schritt bewußt, daß er nicht allein war in seinem Streben nach der Wahrheit und dem Heil.

Der Rižiner lebte in seinem prächtigen Palast und hatte ständig den Przemyslaner vor Augen, und Rabbi Meir in seinem ärmlichen Haus vergaß niemals den Rabbi Israel.

Im Chassidismus ist der Mensch nicht Gefangener, sondern Gefährte seines Nächsten. Der Mensch, der sich öffnet und keinen Zaun um sich errichtet, wächst über sich hinaus und gibt dabei auch dem andern die Möglichkeit, über sich hinauszuwachsen.

Weil es Przemyslany gab, fühlte der Rižiner sich freier auf dem in Rižin eingeschlagenen Weg; und weil es Rižin gab, erkannte der Przemyslaner die Verdienste, die Przemyslany aufzuweisen hatte. Gottes Blick ruhte auf beiden Orten zugleich, der eine wäre ohne den anderen unvollkommen und vielleicht zum Scheitern verurteilt gewesen.

Auf den ersten Blick gilt unsere Sympathie Rabbi Meir, wozu sollte man es leugnen. Den Rižiner liebe ich leidenschaftlich, aber Rabbi Meir rührt an mein Herz. Die Gründe dafür sind klar. Was hatten die osteuropäischen Juden in ihrer bitteren Armut mit dem Fürsten gemein, dem es an nichts mangelte? Mit Rabbi Meir dagegen, dessen Armut so groß war wie ihre eigene oder sie sogar noch übertraf, konnten sie sich identifizieren. Rabbi Meir und nicht Rabbi Israel nahm an ihrem Kampf ums Überleben, an ihrer Sorge ums tägliche Brot teil. Er lebte unter ihnen und mit ihnen und lebte wie sie. Deshalb bewegt mich Rabbi Meir von den beiden Meistern am stärksten.

Aber wie kommt es, daß von beiden Freunden der Rižiner – der erhabene und unnahbare Fürst – in den Augen der Menge der populärste war, während sie sich logischerweise um den Przemyslaner hätten scharen müssen?

Eine weitere Frage: Sind wir sicher, daß von den beiden Meistern der Rižiner nur mit irdischen Dingen beschäftigt war? Konnte nicht auch das Gegenteil der Fall sein? Überlegen wir einmal, der Rižiner besaß alles; deshalb brauchte er an materielle Dinge überhaupt nicht zu denken, sondern konnte seine ganze Zeit der Meditation, dem Studium und dem Gebet widmen. Sein Freund in Przemyslany, der von dringenden Geschäften aufgefressen wurde, von Sorgen für seine Familie und seine Jünger, hatte keine Wahl. Für den einen war er auf der Suche nach einem Broterwerb, für den anderen nach einem kleinen Darlehen, ganz zu schweigen von dem Geld, das er für die eigene Miete aufzubringen hatte. Von den beiden konnte sich der Rižiner doch eher den Luxus leisten, sich ideellen Dingen zuzuwenden? Der Przemyslaner träumte von Brot, der Rižiner von Erlösung! Vielleicht liegt darin der Grund für dessen Popularität bei den ausgehungerten Massen ...

Aber wir können, ja müssen die Dinge anders betrachten. Wir wollen nicht über den Rižiner zu Gericht sitzen – wer sind wir denn, daß wir über ihn urteilen könnten, und mit welchem Recht auch. Außerdem liebe ich ihn von Herzen, und dennoch müssen wir unsere Überzeugung klar aussprechen. Wenn rings um uns die Leute Hunger haben, dann haben sie bei uns Vorrang, ihr Wohlergehen rangiert vor unseren Idealen. Besser ausgedrückt: Wohlergehen muß unser Ideal werden, würde Rabbi Israel Salanter sagen. Der Messias kann und wird warten: beugen wir uns zuerst über das Kind, das Hunger hat, und über seine kranke Mutter und denken wir an seinen Vater, der der Verzweiflung nahe ist, weil er die beiden nicht ernähren kann.

Der Rižiner war sich seiner eigenen Größe bewußt. Deshalb hielt er an seiner Freundschaft mit dem Przemyslaner fest, und deshalb erlaubte er ihm, ihm gewisse Dinge zu sagen, ihm manchen Streich zu spielen. Er brauchte Rabbi Meir, der ihm die andere Seite seiner Herrlichkeit vor Augen hielt, den dornigen Pfad, die staubige Straße, die er, der Fürst, nicht kannte.

Aus der Sicht des Rižiners ist diese Freundschaft verständlich, aber wie läßt sie sich von Seiten des Przemyslaners erklären? Er liebte die Armen nicht ihrer Armut wegen, sondern wegen ihrer Unfähigkeit, sie zu überwinden; und was den Reichtum der Reichen betraf, so war er überzeugt, daß der Rižiner nicht dessen Gefangener war, sein Luxus war eben da, er hatte ihn gewählt und wachte nicht eifersüchtig darüber, noch war er ihm hörig. Trotz seines zur Schau gestellten Prunks lebte der Rižiner nicht im Einklang mit sich selbst; er war nicht glücklich. Bei all seinem herrschaftlichen Gebaren war er doch nur ein umherirrender Verfolgter, ein Verbannter. Wenn man diese Äußerlichkeiten beiseite schiebt, entdeckt man die tragische Dimension seiner Persönlichkeit. Der Rabbi von Przemyslany wußte das. Ebenso wie der Kozker ein Meister wider Willen war und der Lubliner ein Seher wider Willen, war der Rižiner ein Fürst wider Willen.

So sah also sein Freund aus, aber wir haben auch auf seinen schlimmsten Gegner hingewiesen, auf seinen unerbittlichen Feind, den Rabbi Uri von Strelitz, den Seraphim.

Oberflächlich betrachtet, hätten diese beiden Meister sich eigentlich verstehen müssen, sie waren sich in mancher Hinsicht sogar ähnlich. Der Przemyslaner hatte mit dem Seraphim von Strelitz mehr Dinge gemeinsam als mit dem Rabbi Israel von Rižin. Auch der Seraphim lebte in Armut, und auch er predigte die Ekstase, während der Rižiner auf Disziplin, Zurückhaltung und Mäßigung bestand. Ebenso eilte er durch die Lande, um Gelder aufzutreiben, die für den Loskauf von Gefangenen bestimmt waren. Weshalb bestand dann diese Feindschaft zwischen den beiden Meistern?

Es gab zwei Gründe dafür. Erstens kritisierte Rabbi Uri den Przemyslaner, weil er seine Fähigkeiten öffentlich zur Schau stellte. Wer sie besitzt, sollte nicht darüber sprechen. Geheime Dinge müssen geheim bleiben; die Eingeweihten diskutieren nur unter Eingeweihten darüber. Rabbi Meir offenbarte jedermann, was er im Himmel oder in den verbotenen Zonen hier unten sah, und Rabbi Uri setzte alles daran, ihm diese Fähigkeiten zu nehmen. Er schickte zwei seiner Getreuen zu Rabbi Naphtali von Ropschitz, um ihn um Mithilfe zu bitten, denn ohne ihn wäre ein solches Unternehmen mit Sicherheit gescheitert.

Eines Donnerstags kamen die beiden Männer in Ropschitz an, und der Zaddik empfing sie sehr herzlich und mit einem solchen Überschwang, daß sie kein einziges Wort anbringen konnten. Sie kamen am nächsten Tage wieder, und Rabbi Naphtali empfing sie wieder mit großer Herzlichkeit und erzählte ihnen wunderbare Geschichten über seine Meister. Seine Besucher konnten ihn nicht unterbrechen, um ihm den Zweck ihrer Reise darzulegen. So blieben sie auch noch am Sabbat. Es fiel kein Wort über den Przemyslaner. Am Sonntag wurden sie wieder vorstellig und waren entschlossen, nun endlich ihre Botschaft zu überbringen. Es war aussichtslos, Rabbi Naphtali gab ihnen keine Gelegenheit dazu. Stundenlang sprach er mit ihnen über tiefgründige und wunderbare Dinge, begleitete sie schließlich zur Tür und sagte, plötzlich ernst geworden, zu ihnen:

„Ihr sollt wissen, daß mir der Vater von Rabbi Meir von Przemyslany im Traum erschienen ist und mich gebeten hat, über seinen Sohn zu wachen. ‚Ich habe', sagte er mir, ‚nur eine kleine Flamme hinter mir gelassen; laß nicht zu, daß sie erstickt wird.'" In eben diesem Augenblick rief plötzlich jemand: „Rabbi Meirl ist soeben angekommen." Er trat schnellen Schrittes ein, pflanzte sich vor Rabbi Naphtali auf und rief: „Was, mein Vater nennt mich eine kleine Flamme! Nein, Rabbi von Ropschitz! Mein Vater hat eine unendlich große Flamme hinter sich gelassen!"

So bewahrte der Przemyslaner seine Fähigkeiten und Rabbi Uri seinen Zorn.

Der zweite Grund ihrer Feindschaft lag in ihren völlig gegensätzlichen Auffassungen über die Bedürfnisse der Leute. Rabbi Meir war ein unermüdlicher Fürsprecher für die materiellen Probleme seiner Anhänger, während Rabbi Uri sich nur für die spirituellen Nöte der Seinen interessierte.

Ähnlich wie der Kozker lehnte der Seraphim es kategorisch ab, für die Heilung der Kranken zu beten oder verschuldeten Ladenbesitzern wieder auf die Beine zu helfen. Nach seiner Auffassung hatte Gott den Menschen nicht geschaffen, daß er seine Zeit mit derlei Problemen vertue. Wenn ihr ihn bätet, eure Seele zu heilen: mit Vergnügen; euch einen Platz im Paradies zu sichern: mit Freuden; euere heiligen Kenntnisse zu erweitern: auf der Stelle. Wenn ihr ihm sagtet, er möge euch helfen, frömmer zu werden, euern Glauben zu festigen, euer heiliges Gesetz besser zu verstehen, er würde Himmel und Erde in Bewegung setzen. Aber sollte euch Fleisch für den Sabbat fehlen, Geld für die Hochzeit eurer Tochter, dann könntet ihr nicht mit dem Seraphim von Strelitz rechnen.

Die chassidische Literatur ist voller Geschichten über Rabbi Uri und seine systematische Weigerung, beim Himmel Fürsprache für das materielle Wohlergehen seiner Anhänger einzulegen. Mit der Zeit sprachen diese nicht einmal mehr mit ihm darüber. In seiner Schule waren sie, geprägt durch seine Lehre, mit dem zufrieden, was sie besaßen, und liebten ihn wegen der Dinge, die er ihnen verweigerte.

Eines Tages unterbrach er sich mitten im Morgengottesdienst und wandte sich an seine Jünger: „Will jemand Geld? Falls das der Fall ist, soll er näher treten und seine Hand in meine Tasche stecken. Er wird mehr Geld herausholen, als er braucht!" Er wiederholte seine Aufforderung einige Male, aber niemand rührte sich. Seine Taschen waren vermutlich leer, aber man sieht daran, daß für seine Schüler das Geld überhaupt nichts mehr bedeutete.

Einem Besucher antwortete er auf die Frage, warum er sich nicht um die Bedürfnisse seiner Jünger kümmere: „Bedürfnisse? Ihr sprecht von Bedürfnissen? Wir wollen sehen, ob meine Leute irgendein Bedürfnis haben."

Während des anschließenden Gottesdienstes erhob er fragend seine Stimme: „Wer braucht Geld?" Niemand antwortete. „Wer braucht Heilung?" Niemand rührte sich. „Wer braucht Sicherheit, Kredit, Protektion?" Kein Mensch gab einen Ton von sich. „Seht ihr", sagte Rabbi Uri zu seinem Besucher, „ihre Bedürfnisse sind nicht materieller Art", und wandte sich von neuem an seine Getreuen: „Jetzt sagt mir, wer die Gottesfurcht braucht?" Da riefen alle: „Ich, wir, wir alle." – „Und wer von euch hat das Bedürfnis, den Herrn zu lieben?" – „Ich, wir, wir alle haben das Bedürfnis." – „Und wer hat das Bedürfnis nach Erleuchtung, nach Gnade, nach Herzensglut, damit seine Seele sich höher und höher erhebe?" – „Ich, wir, wir alle", schrien die

Gläubigen wie aus einem Munde. Das war eben Strelitz.

In Przemyslany, wo man genauso arm war, ging das Streben zunächst nach Brot, nach einem Dach überm Kopf, nach einem gewissen Schutz gegen Schikanen und Verfolgungen, mit einem Wort: man wollte einfach, würdig und friedlich leben. Und der Przemyslaner verstand seine Juden und tat alles, um ihnen zu helfen. Seine eigene Armut war ihm gleichgültig, aber nicht die seiner Anhänger. An seine eigene Gesundheit dachte er nicht, aber die seiner Gesprächspartner beschäftigte ihn. Ebenso wie der Bescht bereit war zu leiden, obwohl er es seinen Schülern untersagte, protestierte der Przemyslaner niemals gegen seine eigene bittere Not, aber er empörte sich aus tiefster Seele gegen die seines Nächsten. Und was ist mit der Glut des Herzens? Sie kommt später, und auch das Studium kommt erst später. Und die Ekstase? Gewiß, aber auch sie kann warten. Ein leerer Magen dagegen kann nicht warten und ein kranker Gefangener auch nicht.

Aber was soll man tun, wenn alle Mühe vergeblich ist? Ihr habt doch alles versucht, aber trotz aller Bitten hat der Mensch, der vor euch steht, immer noch Hunger und Angst? Ihr habt nichts unversucht gelassen, aber trotzdem steht die Frau noch immer mit gebrochenem Herzen vor euch. Dann, ja nur dann werdet ihr ihr begreiflich machen, wie durch ein Wort oder einen Blick die Verzweiflung zu überwinden ist.

Rabbi Uri dagegen überspringt die Zwischenstationen; er versucht nicht einmal das Leid, das sichtbar und mit Händen zu greifen ist, zu heilen; er verlangt und empfiehlt sogleich die Ekstase. Die Seele muß der Macht des Leibes entrissen werden, das war seine Lösung, und er selbst war ein Beispiel dafür. Morgens vor dem Gottesdienst pflegte er sich von seiner Familie so zu verabschieden, als sei er überzeugt, sie nicht mehr wiederzusehen. Seine Seele könnte in ihrem Rausch davonfliegen, und sich mit der Schechina vereinen, um sich nie mehr von ihr zu lösen. Bedeutete das den Tod? Nein, Rabbi Uri fürchtete den Tod nicht, nicht wenn er ihn in seinem Zimmer mitten in Rausch der Ekstase erwartete.

Rabbi Meir von Przemyslany dagegen betete nicht, um den Zustand des Selbstvergessens zu erreichen, weil daraus das vollkommene Vergessen entsteht, das dann ja auch die Menschen betraf, die von ihm abhingen. Und in dem Maße, wie sie von ihm abhängen, ist auch er von ihnen abhängig. Er lebte nur für sie.

Kann man deshalb sagen, daß er seine Chassidim mehr liebte, als Rabbi Uri es tat? Sagen wir lieber, daß beide sie auf verschiedene Art liebten. Rabbi Uri liebte die Armut seiner Anhänger; der Przemyslaner betrachtete ihre Armut als Mißgeschick, als Skandal, den es zu bekämpfen und aus der Welt zu schaffen galt. Schon als Kind war es Rabbi Meirs liebste Beschäftigung, den Armen zu helfen. Jeden Donnerstag ging er von Tür zu Tür, um Geld zu sammeln, das er denen gab, die es für den Sabbat brauchten. Einmal hatte er keinen Erfolg und kam mit leeren Händen zurück. Weil er sich nicht traute, den Bettlern seinen Mißerfolg einzugestehen, ging er in den Stall, nahm die Kuh seiner Eltern und verkaufte sie auf dem Markt, um das Geld natürlich an die Notleidenden zu verteilen. Diese Kuh war aber die einzige Erwerbsquelle seiner Eltern, deshalb bekam er plötzlich Angst, schämte sich und vergoß bittere Tränen. Ein Passant bemerkte das und fragte:

„Warum weinst du?"

Meirl erzählte ihm die Wahrheit, und der Mann war darüber so gerührt, daß er ihm Geld gab, um eine neue Kuh zu kaufen. Das tat er dann auch und brachte sie heim in den Stall. Seine Mutter merkte natürlich, daß es eine andere Kuh war.

„Wo ist denn unsere Kuh?“ wollte sie wissen.

„Sie ist verschwunden“, erwiderte Meirl.

„Verschwunden? Wohin denn? Was macht eine Kuh, um zu verschwinden?“

„Sie ist zu einer milden Gabe geworden“, sagte Meirl, „und ist zum Himmel emporgestiegen.“

Obwohl er sanft und liebevoll war, drohte er einem Geizhals einmal folgendes an:

„Du mußt wissen, vor meiner Geburt habe ich 25000 Rubel bekommen und sie zurückgewiesen. Damals schon war mir klar, daß ich wie meine Schüler und Freunde leben wollte – in bitterer Armut –, und habe zu meinem Schutzengel gesagt, er möge das Geld zurücknehmen. Er wollte davon nichts wissen; das wäre gegen die Bestimmung, wie er sagte. Das Geld gehörte mir, und ich hatte kein Recht, mich seiner zu entledigen. Vor allem nicht, weil der Schutzengel ein Argument vorbrachte, das mir einleuchtend schien. Auf jeden Fall, sagte er, kannst du mit diesem Geld Gutes tun. Und da kam mir eine Idee. Ich habe die Summe in fünf Teile geteilt und habe sie fünf Kaufleuten zu treuen Händen übergeben. So weiß ich jedesmal, wenn ich Geld brauche, um irgend jemanden zu retten, wohin ich zu gehen habe. Um mein Geld den Armen zu geben, bin ich einfach gezwungen, es dir wegzunehmen!“

Eines Tages sprach er: „Warum sollte ich nicht für meine Chassidim beten, daß sie Geld verdienen? Wozu verwenden sie es? Um es beim Kartenspiel zu verlieren? Aber nein! Um es in den Tavernen auszugeben? Was für ein Gedanke! Sie benutzen es doch nur, um ihre Familien zu ernähren, um die Waisen zu kleiden, um die Meister zu zahlen, die ihre Kinder unterweisen, und um Schulen zu bauen. Weshalb sollte ich ihnen nicht helfen, noch mehr Geld zu verdienen?“

Ein Schüler fragte ihn einmal:

„Warum legen wir das Bitterkraut Maror auf den Passahtisch und kein goldenes oder silbernes Gerät? Warum müssen wir uns an die in Ägypten erduldete Bitternis erinnern und nicht an die Reichtümer, die wir seit dem Exodus gewonnen haben?"

„Das ist sehr einfach", erwiderte der Przemyslaner. „Die Bitternis ist immer noch da, nur das Geld ist verschwunden."

Ein Geschäftsmann beschwerte sich über einen Konkurrenten, der unmittelbar neben seinem Laden ein Geschäft eröffnet hatte.

„Was erwartest du von mir?" fragte Rabbi Meir. „Soll ich ihn fortjagen? Und wie wird er es schaffen, seine Kinder zu ernähren? Hör mal zu. Hast du jemals ein Pferd beobachtet, das in einer Waldlichtung aus einem Tümpel säuft? Es scharrt mit den Hufen. Und warum tut es das? Weil es seinen Schatten oder sein Bild im Wasser sieht und sich sagt: Was, hier gibt's noch ein anderes Pferd? Und will es verjagen. Deshalb scharrt es, aber durch dieses Scharren wühlt es den tiefen Schmutz auf, und das Wasser wird ungenießbar. Hör also auf, mit dem Fuß zu scharren. Trinke und lasse jeden trinken, der Durst hat. Es gibt genug Wasser für alle Pferde dieser Welt.

Heuchelei duldete er ebensowenig wie Geiz und Egoismus.

„Ein Heuchler", sagte er, „ist einer, der sich überall anpaßt. Bei den Chassidim ist er Chassid. Bei den Gegnern des Chassidismus ist er dessen Gegner. Gemäßigt ist er bei den Gemäßigten, fanatisch bei den Fanatischen. Er spielt alle Rollen, um zu sein wie die andern, nur wenn er unter Menschen ist, dann ist er kein Mensch."

Ein Prediger bat ihn um Erlaubnis, in seiner Synagoge predigen zu dürfen, um sich auf diese Weise etwas Geld zu verdienen. Bereitwillig gestattete es ihm Rabbi Meir.

Der Prediger hielt seine Predigt, bekam nachher aber nicht eine Kopeke. Später, als er im Zimmer des Przemyslaners saß, sah er, wie viele Gläubige ihm Geld auf den Tisch legten.

„Das verstehe ich nicht", rief er, „warum sind sie bereit, Euch Geld zu geben und mir nicht?"

„Das will ich Euch erklären", antwortete der Przemyslaner. Wie Ihr versuche auch ich, meine Zuhörer zu beeinflussen, und das hat zur Folge, daß sie uns nachahmen wollen. Ihr liebt das Geld, und deshalb lieben sie, wenn sie Euch zuhören, das Geld nur noch mehr. Ich dagegen verachte es, und nach meinem Vorbild verachten sie es ebenfalls, und zwar so sehr, daß sie es unbedingt loswerden wollen. Ich brauche es dann nur noch einzusammeln."

Vergessen wir nicht, daß die Armut ein fester Bestandteil des jüdischen Lebens in Osteuropa war, und die Zaddikim mußten angesichts dieses Elends Stellung beziehen. Einige meinten, es sei besser, sich damit abzufinden. Andere dagegen waren der Meinung, daß das Elend den Leib entwürdige und schließlich die Seele erniedrige, man müsse also dagegen ankämpfen. Wieder andere erklärten, da es unmöglich sei, das Elend auszurotten, man solle es zu einer Tugend machen. Die Armut, sagten sie, sei zwar ein hartes Los, aber sie korrumpiere nicht, der Reichtum hingegen mache korrupt.

Der von Gott besessene Seraphim pries die Armut der Menschen; den Przemyslaner dagegen erschütterten die Lebensbedingungen der Menschen, und er sah in der Armut einen Feind, den es zu bezwingen galt. Das Mitleid des einen war ausschließlich auf den Schöpfer gerichtet, das des andern galt auch seinen Kindern. Die beiden Meister konnten nur in Konflikt miteinander leben. Aber wie bereits erwähnt, war Rabbi Uri nicht der einzige Gegner des Przemyslaners. Es gab noch andere, die ihm die Zurschaustellung seiner Wunder zum Vorwurf machten. Trotzdem blieb er dabei. Warum? Weil in seinen Augen das Wohlergehen seiner Anhänger wichtiger war als die Meinung seiner Standesgenossen? Möglicherweise. Trotzdem war er nicht so selbstsicher, wie es den Anschein haben mochte. Man kann nicht allen gegenüber recht haben. Vielleicht hatten die andern Zaddikim auch recht, ihm diese Vorwürfe zu machen? Er war jedenfalls menschlich genug, selbstkritisch zu sein, zu zögern und zu zweifeln. Tatsächlich gibt es in den Texten über ihn keinen Hinweis, der meine Hypothese untermauern könnte, die, wie ich gestehen muß, mehr Eingebung ist als durch Deduktion gewonnen. Eine von ihm selbst erzählte Geschichte scheint mir sehr aufschlußreich zu sein.

„Heute war Meir klüger als sein Meister und klüger als sein Vater. Er ist zum Himmel hinaufgestiegen, der Meir, und gerät mitten in eine stürmische Auseinandersetzung. Er fragt, was denn los sei, und erhält die Antwort, daß gerade über einen Vorschlag, die jüdische Armut abzuschaffen, diskutiert werde: ab sofort solle es allen Juden besser gehen. Um besser hören zu können, drängt sich der Meir nach vorn, wo sein Meister und sein Vater an der Ehrentafel sitzen. Er erblickt sie und denkt, wie sie sich wohl entscheiden werden. Sie sind dafür. Da hat Meir eine Frage gestellt. Er wollte wissen, wer den Vorschlag gemacht habe, und erfährt, daß es der Satan war. Was weiter geschah, könnt ihr leicht erraten: Meir hat dagegen gestimmt, und der Vorschlag wurde abgelehnt."

Seltsam, daß der Przemyslaner gegen die Abschaffung der Armut stimmte, ausgerechnet er, der sie Tag und Nacht bekämpfte? Die Idee kam eben vom Satan. Die Zaddikim und die Weisen hielten sie für gut und richtig, genügte ihm das nicht? Gibt es demnach eine Armut, eine bestimmte Kategorie von Not und Elend, die der Rabbi von Przemyslany glaubte dulden und billigen zu müssen? Das paßt nicht zu dem, was wir über diesen Mann wissen. Gab es noch einen dunklen und nicht greifbaren Bereich in ihm? Gab es tief innen im Zaddik von Przemyslany noch einen andern Zaddik?

Drückte Rabbi Meir sich deshalb nie in der ersten Person aus? „Meir" sagt ..., „Meir" glaubt ..., „Meir" denkt ...? Das Ich hat keinen Platz in seinem Vokabular. Ob er sich an Gott oder an die Menschen wandte, immer war es „Meir", der sprach.

Sicher ist das eine Form von Demut, aber es steckt noch etwas anderes dahinter. Vielleicht gab es einen noch tieferen Konflikt als den zwischen dem Przemyslaner und dem Seraphim, nämlich den Konflikt zwischen Meir und Rabbi Meir. Ein Persönlichkeitskonflikt? Wohl eher ein Identitätskonflikt. „Wer bin ich?" lautet seit Beginn der Zeiten die Frage aller Fragen. Bedeutet das Ich hier Hindernis oder Öffnung, Mauer oder Tor, größte Nähe oder Entfremdung? Wer bin ich in dem Satz „Ich sage zu mir selbst"? Bin ich der Sprechende oder der Zuhörende? Wer war Rabbi Meir von Przemyslany? War er handelnde Person oder Autor seiner Geschichten? Wo befand sich Rabbi Meir, wenn Meir sich zum Anwalt der Armen machte und in seinem Namen Wunder wirkte? Denn bei den Wundern ist es klar, daß es Meir – und nicht Rabbi Meir – war, der die Hand Gottes bewegte; Meir – und nicht Rabbi Meir –, der seine übernatürlichen Gaben zur Schau stellte; Meir – und nicht Rabbi Meir –, der seine hellseherischen Fähigkeiten an den Tag legte. Rabbi Meir hatte mit alledem nichts zu tun. Rabbi Meir hätte lieber ein bescheidenes, zurückgezogenes Leben geführt, ohne seine Fähigkeiten zu zeigen oder Gebrauch von ihnen zu machen. Aber weil er sich verpflichtet fühlte, den Mitmenschen zu helfen, betraute er seinen Doppelgänger Meir, der er auch war, mit dieser Aufgabe. Und dieser tat alles, was der Zaddik in seiner Demut niemals zu tun gewagt hätte.

Die Psychologen reden von Persönlichkeitsspaltung und erklären das Phänomen auf diese, die Philosophen auf jene Weise. Vielleicht haben beide recht oder beide unrecht. Wenn ich zwischen Meir und Rabbi Meir wählen sollte, würde ich mich für beide entscheiden.

Bevor wir nun Przemyslany verlassen, wollen wir noch erzählen, wie der Rabbi diesen Ort verließ. Eines Tages besuchte ihn sein Schüler, Rabbi Chaim von Czanz. Die beiden führten ein langes Gespräch, aber niemand weiß, worüber sie sprachen. Man weiß nur, daß der Przemyslaner sich am Ende mit der folgenden Frage an seinen Besucher wandte:

„Rabbi von Czanz, Ihr seid Mitglied des großen rabbinischen Gerichtshofes, meint Ihr nicht, daß es an der Zeit ist für Meirl, diese enge Stätte zu verlassen und sie mit einer Bleibe zu vertauschen, die größer ist?"

„Gewiß", sagte Rabbi Chaim von Czanz.

Und sogleich begriff er den tieferen Sinn der Frage und wollte schnell seine Antwort berichtigen; aber dazu war es zu spät – es war gesagt. Die gleiche Frage stellte der Przemyslaner auch anderen Meistern und bat sie um Erlaubnis, von dieser Welt fortzugehen. Schade, daß ihre Meinung nicht festgehalten wurde. Zuletzt schickte er einen seiner Lieblingsboten mit einer geheimen Botschaft zum Rabbi Israel von Rižin und ließ ihn wissen, daß er bald allein bleiben werde.

1847 enthüllte er eine letzte Vision: „Das Jahr 1848 wird von Schrecken und Tod beherrscht werden, 1850 wird ein ruhiges Jahr sein ..." Aber er warnte seine Gläubigen, keine übertriebene Hoffnung zu hegen, die nachher nur in Verzweiflung umschlagen würde.

Als Rabbi Meir alt geworden war, war er nicht mehr derselbe. An seine Wunder glaubte er nicht mehr. Einem Vertrauten gegenüber machte er einmal die Bemerkung: „Der Rabbi von Belz heilt die Kranken, die schwach im Kopfe sind, der Rabbi von Rižin wendet sich den himmlischen Sphären zu, nur Rabbi Meir kann für keinen etwas tun."

Früher war er gern unter Menschen gewesen, jetzt mied er sie. Der Mann, der zahllosen Familien Trost gebracht hatte, bereitete sich ganz allein auf den Heimgang in die Ewigkeit vor. Krank, abgezehrt und allen Trostes bar, befahl er den Schülern und Jüngern, die bei ihm waren, nach Hause zu gehen, weil sie sonst die Ruhe und Heiligkeit des Sabbats hätten stören können. Niemand ging, so sehr er auch darauf bestand. Er wollte allein bleiben und in seiner letzten Stunde allein dem Augenblick des großen Aufbruchs entgegensehen. Alle blieben da, und der Sabbat verlief gut.

Am Abend nach dem letzten Mahl im Palais des Rabbi Israel von Rižin geschah etwas sehr Seltsames. Die beiden Kerzen auf der fürstlichen Tafel flackerten wie immer, und plötzlich stieß der Zaddik einen so lauten und schmerzlichen Seufzer aus, daß alle Anwesenden ebenfalls tief aufseufzten. In diesem Augenblick erlosch die eine der beiden Kerzen.

Sie wurde nicht wieder angezündet.

Rabbi Mendel von Worki oder das chassidische
Schweigen

Wir werden jetzt eine weite Reise machen, bis tief nach Polen hinein, wo uns ein anderes chassidisches Abenteuer in einem andern chassidischen Reich erwartet. In Worki wollen wir einen anderen Aspekt der chassidischen Sprache und der chassidischen Erfahrung erforschen.

Worki – das ist wie ein demütiger und laut schallender Gesang, ist eine starke und verwirrende Gemeinde, Worki ist ein inbrünstiges und zugleich beherrschtes Gebet, ist eine Bewegung, die auch die Ekstase kennt, aber eine nach innen genommene Ekstase. Worki – das ist eine Reise ans Ende des Redens, zu den Ursprüngen des Schweigens. Das Schweigen ist das Kennzeichen von Worki. Andernorts reden die Meister und lassen reden, singen und lassen singen, schreien und setzen den Schrei frei, doch nicht hier, nicht in Worki. Hierher kommen die Gläubigen, um zu schweigen, um sich im

Schweigen zu sammeln – in Gemeinschaft, um den Rabbi geschart, mit dem Rabbi und durch den Rabbi.

Der Rabbi Berisch von Biala erzählte einmal:

„Es geschah während eines Sabbatmahls. Unser Meister hatte den Vorsitz und sagte kein Wort, und wir, die wir an seinem Tisch saßen, schwiegen ebenfalls. Nur die Fliegen, die an den Wänden summten, waren zu hören, und dann hörten wir auch sie nicht mehr. Wir hörten, wie die Schatten in den Raum drangen, sich auf die brennenden Gesichter der Chassidim legten, und dann hörten wir nichts mehr. Nur noch das Schweigen, das vom Rabbi ausging und das sich mit unserem Schweigen verband, hörten wir, ein tiefes und edles Schweigen, ein bewegendes, von Schönheit und Freundschaft geprägtes Schweigen. Selten habe ich eine so innige Gemeinschaft erlebt.

Dann bat der Rabbi, den Segen, der das Mahl beschließt, zu sprechen, und es war zu Ende." Und der Rabbi von Biala zieht daraus den Schluß: „Oh, welche Lehre, welche Weisung habe ich an diesem Tag empfangen ... Der Meister hat mich einem so strengen und unerbittlichen Verhör unterzogen, daß ich fühlte, wie mein Herz zuckte und meine Adern zerspringen wollten. Aber ich habe die Prüfung bestanden und auf seine Fragen zu antworten gewußt. Oh, welche Lehre, welche Weisung ..." Um den Geist von Worki richtig zu beschreiben und wiederzugeben, müßten wir Worki so schildern, wie man es dort getan hätte: schweigend. Aber noch sind wir nicht dort – wir haben unsere Reise gerade erst begonnen. Und was machen Reisende, die einen langen Weg vor sich haben? Sie erzählen sich Geschichten. Erzählen wir uns also Geschichten. Wir wollen gleich zu Anfang klarstellen, daß die Meister, denen wir in Worki unseren Gruß entbieten werden, im Vergleich mit den bisherigen weniger berühmt sind. Aber wozu Vergleiche anstellen? Die chassidische Legende ist schön und ergreifend und kennt kein Messen und Klassifizieren. Der Chassid hält seinen Meister für den größten, und mit Recht. Und wenn ein anderer Chassid der Überzeugung ist, sein Meister sei der größte, dann hat er ebenfalls recht.

Der augenfälligste Erfolg des Chassidismus bestand darin, daß er dem einzelnen wieder die Fähigkeit schenkte, zu bewundern, zu glauben, zu vertrauen – und zu lieben. Die Meister waren verschieden, ihre Schüler auch, aber die Beziehungen untereinander waren die gleichen. Jeder Rabbi entsprach dem gleichen Bedürfnis, führte zur gleichen Antwort. Durch welchen Rabbi auch immer erkannte jedweder Chassid, daß sein Leben – jedes Leben – einen Sinn hat und daß ein Wort – jedes Wort – in einer Erinnerung wurzelt, die viel älter als die eigene ist, und daß sein Gesang – jeder Gesang – seinen Urgrund im Gesang der Erde hat und daß der Gesang der Erde bis zum Himmel steigt.

Der Bescht ist einmalig, doch auch der Maggid von Mesritsch ist es. Ebenso sind es Rabbi Schneur-Salman von Ljady, Rabbi Levi Itzhak von Berditschew, Rabbi Nachman von Brazlaw und Rabbi Menachem Mendel von Kozk. Jeder hat seine eigene Vorstellung und folgt seinem eigenen Weg. Für den Menschen ist Gott einmalig, und für Gott ist jedes Wesen einmalig, nicht austauschbar und unersetzlich. Der Rabbi ist nur mit dem Rabbi vergleichbar, mit andern Worten: er ist nicht immer sich selber gleich. Das heißt, daß er menschlich ist.

Die Meister von Worki sind daher ebenso bedeutend wie die von Rižin oder von Sedigor. Sie sind bloß weniger bekannt als die anderen. Das kann eine Frage des Temperaments, Glückssache, Zufall oder Ungerechtigkeit sein.

Ich gestehe, daß ich sie alle liebe, wenn auch mit unterschiedlicher Stärke. Das hängt sicher mit meiner jeweiligen Stimmung zusammen. Manchmal brauche ich einfach eine Geschichte aus Brazlaw und dann wieder ein Wort aus Rižin. Aber ganz besonders liebe ich die Demütigen, die Bescheidenen, die – um einen modernen Ausdruck zu gebrauchen – „Erfolglosen". Oder anders ausgedrückt: Ich liebe die Zaddikim aus der Schule von Worki, jenem kleinen Nest bei Warschau, das auch nicht den kleinsten Platz in der Geschichte hätte, wenn sich nicht Rabbi Itzhak von Kalisch dort niedergelassen hätte.

Worki bedeutet Furcht vor dem Wort und Furcht vor der Furcht. Worki eröffnet deshalb einen neuen Weg in den Chassidismus, den Weg des chassidischen Schweigens. Das mag wie ein Widerspruch in sich erscheinen, denn schweigende Chassidim sind nur schwer vorstellbar. In Worki waren sie es einzeln und in Gemeinschaft. Schwer zu begreifen? Spricht die Schrift nicht vom verborgenen Antlitz Gottes? Der Kommentar des Rabbi Itzikl von Worki dazu lautete: „Ich bin's zufrieden, ja, ich bin zufrieden, daß bestimmte Dinge verborgen bleiben, sonst wäre das Leben unerträglich." Vielleicht gibt es auch eine verborgene Seite des Wortes.

Wir brauchen drei Jahre, um sprechen zu lernen, sagen unsere Altvorderen, und siebzig Jahre, um schweigen zu lernen. In Worki beginnt man unverzüglich damit. Der Rabbi von Kozk sagte, das Gebet müsse dem Gebet vorangehen. Müßte nicht dann auch das Schweigen in das Schweigen einführen?

Rabbi Mendel von Kozk, der für seinen Zorn bekannt war, wandte sich in einer bei ihm äußerst seltenen Anwandlung von Sanftmut an Rabbi Mendel von Worki und fragte ihn: „Wo habt Ihr denn die Kunst des Schweigens erlernt? Und Rabbi Mendel von Worki gab keine Antwort darauf: er schwieg.

Offenbar existiert das Schweigen schon seit Beginn der Menschheit – und sogar schon vorher. Wenn das

Wort Gottes ewig ist, ist sein Schweigen nicht weniger ewig, vielleicht sogar mehr. Vor dem „Gott sprach", vor dem „Im Anfang schuf", was gab es davor? Die Schöpfung, die durch das Wort hervorgerufen wurde, war im Schweigen verankert. Aus dem Schweigen wurde das Wort geboren, das göttliche Wort. Aber was tat Gott, bevor er es aussprach? Er wartete. Ja, er wartete. Wartete, bis das Schweigen zerbrach und dem Wort Einlaß gewährte. Aber wie Gott zugleich Quelle und Erfüllung, Beginn und Ende des Schweigens *und* der Sprache ist, so gibt es auf göttlicher Ebene keinen Konflikt zwischen diesen beiden, ganz im Gegenteil, es besteht Harmonie und Frieden; denn das göttliche Wort ist Harmonie und Frieden. Er allein redet und schweigt gleichzeitig. Der Konflikt entsteht auf der Ebene des Menschen, für den das Wort eine menschliche und das Schweigen eine göttliche Sprache darstellt bzw. eine göttliche Form der Sprache, was nicht ein und dasselbe ist. Für den Menschen ist dieser Konflikt tragisch, weil unlösbar. Als Adam aufwacht in der Schöpfung, sieht er sich in ein Schweigen eingeschlossen, das er nicht versteht, das zur Herausforderung und zur Befreiung wird. Er beginnt zu sprechen, um das Schweigen zu brechen.

Daher rührt diese Spannung, bei ihm und bei uns. Erste zeitlos ewige Spannung zwischen dem Wort des Menschen und dem Schweigen der Welt. Das Geheimnis des einen wiegt das Geheimnis des anderen auf. Beide sind gefährlich, weil sie verlockend sind und als Vehikel für den Glaubenden wie für den Dichter und Seher dienen.

Als Kind sehnte ich mich nach dem Schweigen, dem mystischen Schweigen, das Geheimnisvolles, Fernes und Verbotenes in uns wachruft. Meister unterwiesen mich darin, wie die Sprache und das Denken durch die Verweigerung von Sprechen und Denken zu läutern sei, um zur höchsten Erlösung vorzudringen. Daß doch alle

Menschen schwiegen, dachte ich, dann wird der Mensch gerettet sein.

In der Bibel taucht das Schweigen auf jeder Seite auf, manchmal als Thema, manchmal als Anlaß einer Tat oder als Tat selbst, als Erklärung für menschliche Schwäche und als tragische Lösung.

Schweigen in den Beziehungen der Menschen untereinander, Schweigen in den Beziehungen des Menschen zu Gott, Schweigen als Verhüllung des Wortes Gottes.

„Und Kain sagte zu seinem Bruder Abel", heißt es dort, aber der Text verrät nicht, was er ihm sagt, als wolle er uns begreiflich machen, daß Abel nicht zugehört hat. Und auf einmal erfassen wir, was hinter der Ermordung des Menschen durch seinen Bruder steckt: das Schweigen zwischen ihnen verleugnet das Wort, widersetzt sich dem Wort. Und dieses Schweigen muß unweigerlich zum Tode führen; denn es bedeutet Gleichgültigkeit. Warum z.B. wurde Ijob bestraft? Dazu sagt der Midrasch: Er war zur Zeit des Moses einer der drei Ratgeber des Pharao, der sie fragte, was mit den Hebräern geschehen solle. Jethro gab den Rat, alle ziehen zu lassen; Balaam hingegen, sie daran zu hindern. Ijob aber sagte aus Vorsicht nichts, er wollte sich neutral verhalten. Sein Schweigen machte ihn zum Komplizen und dadurch wurde er schuldig.

Dieselbe Vorstellung treffen wir in der Geschichte von Nadab und Abihu wieder, den beiden Söhnen des Hohenpriesters Aaron, die getötet wurden, weil sie das Heiligtum geschändet hatten. Der Kommentar unserer Weisen lautet: Sie brannten vor Ungeduld, die Führer Israels zu werden, und Nadab sagte zu seinem Bruder Abihu: „Wann werden diese Alten endlich sterben, damit wir ihre Nachfolge antreten können?" Dafür wurden sie bestraft. Dabei stellt sich für uns die Frage: wenn Nadab bestraft wurde, weil er gesprochen hatte, warum traf die Strafe dann auch seinen Bruder? Abihu wurde bestraft, weil er nicht reagiert, nicht protestiert hatte. Er hatte geschwiegen und wurde wegen seines Schweigens verurteilt.

Moses selber wurde einmal bestraft, er schwieg, als er hörte, wie im Lande Midian einige Einwohner sich auf ihn als *Isch Mitzri,* als Ägypter, beriefen. Bisweilen jedoch ist das Schweigen eine Tugend. Als Aaron seine beiden Söhne verlor, heißt es „er blieb stumm". Von Schmerz überwältigt, preßte er seine Lippen zusammen und hatte seinen Schmerz wie seinen Zorn in der Gewalt. Er entschied sich für das Schweigen, weil er zuviel zu sagen hatte.

Vor dem Durchzug durch das Rote Meer wendet sich Moses an die Hebräer und sagt ihnen: „Gott wird für uns kämpfen – und ihr wollt schweigen?" Aber was sollten sie denn nach seiner Meinung tun? Was konnten sie überhaupt tun? Der große Talmudist Saul Liebermann meint nicht ohne Humor, daß das Fragezeichen ein Ausrufezeichen sei: Gott wird unter der Voraussetzung für euch kämpfen, daß ihr den Mund haltet!

Denn Gott liebt das Schweigen oder, wie Rabbi Elieser Hakalir es ausdrückt: Gott *ist* Schweigen. Nach einem Unwetter, wenn Donner und Blitz aufgehört haben zu toben, nach ohrenbetäubendem Lärm tritt Stille ein – und das ist das Zeichen, daß Gott da ist und bereit, die Geschichte erzittern zu lassen.

Schweigen ist friedlich, voller Wohllaut, voller Verheißungen, voller Träume und voller Wahrheit. Aber ebensosehr kann es Angst oder sogar Zorn hervorrufen. Im Talmud stoßen wir auf weise Männer, die nicht zögern, in der Stunde der Prüfungen zu schreien: „Aber warum, warum schweigt denn Gott?" Und das Wort: „Wer ist Dir vergleichbar unter den Göttern" wird kommentiert mit: „Wer ist wohl ebenso stumm wie Du, da Du die Erniedrigung Deiner Söhne siehst und schweigst?"

Isaak, so sagte der Rabbi von Worki, geriet niemals in Zorn, denn sein Zorn hätte die Welt zugrunde richten können. Isaak verharrte in seinem Schweigen, und die Welt wurde gerettet.

Schauen wir nun, wie sich in Worki das Wort in Schweigen verwandelt. Ein Reich der Poesie erwartet uns dort. Wir wollen nur einen Spalt breit die Türen öffnen, nur einen Augenblick und ohne mehr Lärm zu machen als unbedingt nötig.

Beginnen wir mit dem Gründer der Schule, mit Rabbi Isaak oder Reb Itzikl, wie er geradezu zärtlich genannt wurde. Er ist ein Meister des Chassidismus und zugleich Schüler und Freund der größten Meister. Er wird wegen seiner Heiligkeit, seines Wissens, seiner Bescheidenheit, Frömmigkeit und Menschlichkeit verehrt.

Der Chronik zufolge wurde er 1799 im Dorfe Zaloschin nahe Kalisch in Ostpolen geboren. Sein Vater hatte den Beinamen „Reb Simon der Mildtätige". Im Alter von fünfzehn oder sechzehn Jahren heiratete er und zog in das Dorf Zharik, wo die Familie seiner Frau wohnte. Es heißt, daß die Ehe nicht glücklich war, seine Frau soll die Hausangestellten so herrisch und anmaßend behandelt haben, daß er sich bei seinem ersten Meister, Rabbi David von Lelow, darüber beklagte. Der sagte ihm: „Diese Dinge erzähle nur dir selber." Mit andern Worten: darüber spricht man nicht. Und er sprach nie mehr darüber.

Über seine äußeren Lebensumstände gibt es voneinander abweichende Quellen. Bekannt ist, daß er ganz zu Anfang im Dienste der Temerl stand, einer reichen Frau und Wohltäterin des Chassidismus. Sie nimmt dort einen ebenso wichtigen Platz ein wie die Meister selber. Er verwaltete Teile ihres großen Waldbesitzes und war ihr Bevollmächtigter in jenem Gebiet. Bekannt ist auch, daß er eine Zeitlang die Konzession für den

Tabakverkauf in seinem Dorf besaß, aber er hatte kein Geld. Reich war er auf keinen Fall. Bevor er Rabbi wurde, lebte er mit seiner Familie in einem einzigen Raum. Auch später steckte er ständig in der Klemme. Ein Zeuge erzählt, daß seine Frau ihn eines Tages im *Beit Midrasch,* im Lehrhaus, wo er seinen Unterricht hielt, unterbrochen und ihm zugerufen habe: „Du, du unterrichtest und studierst bloß und ich, ich habe nichts im Hause."

Mit dem Rabbi von Ger und mit dem Kozker Rabbi war er eng befreundet und war auch ein guter Freund des Rižiner Rabbi und des Rabbi Jehezkel von Kusmir. Er war viel unterwegs auf Reisen, und man weiß, daß er jedesmal, wenn er nach Warschau kam, alle Mädchen des Dorfes, die in der großen Stadt als Dienstboten arbeiteten, aufsuchte, um ihnen Nachrichten von ihren Familien zu überbringen. Ebenso ist bekannt, daß er es immer eilig hatte. „Ein Jude", sagte er, „rennt immer. Er rennt vor der Sünde davon, und er rennt, um ein gutes Werk zu tun." Da er Geschäftsmann gewesen war, sprach er fließend polnisch, das er aber nicht ganz so gut beherrschte wie Jiddisch.

Ferner weiß man, daß er an Schlaflosigkeit litt. Er fiel für zwölf Minuten in einen leichten Schlummer, studierte dann wieder, schlief von neuem für zwölf Minuten ein, und so ging es fort bis zum Morgengrauen und zum Morgengebet.

Er war sowohl Schüler des Rabbi David von Lelow als auch des Sehers von Lublin, des Rabbi Bunam von Pžycha und des Rabbi Mendel von Kozk. Er starb im Alter von siebzig Jahren am letzten Tag des Passahfestes 1848, nachdem er zwanzig Jahre lang an der Spitze der Schule von Worki gestanden hatte. Seine beiden Söhne setzten sein Werk fort, der älteste als Gründer von Amschinow, der jüngste als sein Nachfolger.

In Lublin gehörte er zur privaten Minja des Sehers,

einer Gruppe von zehn Männern, die mit dem Meister beteten. Dieses Privileg wurde ihm auf folgende Weise zuteil. Rabbi David hatte ihn dem Seher vorgestellt, aber der verschüchterte Reb Itzikl schaute ihn nur immerfort an und wagte kein einziges Wort zu sagen.

„Studierst du?" begann endlich der Weise.

„Ja", sagte Reb Itzikl.

„Und weißt du etwas?"

„Ich versuche es."

„Und begreifst du es auch?"

„Ich versuche es."

„Hast du eine neue Auslegung gefunden?"

„Nein, Rabbi, ich wiederhole die Worte und Gedanken unserer weisen Männer, das genügt mir. Aber heute ..."

„Was heute?"

„Heute habe ich im Talmud das Problem der Zeugen studiert und habe es nicht verstanden."

„Was hast du nicht verstanden?"

„Der Talmud sagt, daß ein naher Verwandter nicht als Zeuge auftreten kann, weder als Belastungs- noch als Entlastungszeuge. Nun ist es sicher logisch, daß ich nicht als Entlastungszeuge auftreten kann; logisch deshalb, weil es natürlich zugunsten des Angeklagten oder der interessierten Partei geschähe. Aber weshalb kann ein naher Verwandter nicht Belastungszeuge sein?"
„Gute Frage", sagte der Seher. „Und die Antwort? Hast du eine Antwort gefunden?"

„Die Thora sagt über die Pflicht der Zeugen, daß zwei *Männer* Zeugnis ablegen müssen. Das heißt, die Zeugen müssen menschlich sein. Ein naher Verwandter aber, der imstande ist, der Anklage dienlich zu sein, ist nicht menschlich."

Der Seher schätzte die Frage wie die Antwort und erlaubte dem jungen Manne, an der Minja teilzunehmen.

In Lublin vollbrachte der Seher Wunder, und dadurch kam es zum Bruch zwischen ihm und seinem Schüler Reb Jakob-Isaak von Pžycha, der den Akzent auf das durch Studium erworbene Wissen setzte. In diesem Streit ergriff Reb Itzikl nicht Partei; er verehrte den Lubliner und bewunderte den Reb von Pžycha, obwohl er selbst leidenschaftlich seine Studien betrieb und kaum darauf aus war, seine Gläubigen durch übernatürliche Kräfte zu beeindrucken.

Als er noch für Temerl arbeitete, kam ein Mann zu ihm und bat, ihm dreihundert Rubel zu verschaffen. Es war dringend; denn er hatte für seine heiratsfähige Tochter zwar einen guten Ehemann gefunden, besaß aber kein Geld für die Heirat.

„Ich kann dir nicht helfen", sagte Reb Itzikl, der doch nie einen Besucher mit leeren Händen fortschickte.

Der Bittsteller brach in Tränen aus.

Da sagte der Rabbi: „Gut, komm morgen wieder."

Am nächsten Morgen gab er ihm die verlangte Summe.

„Aber warum mußte ich so lange warten? Warum wurde ich zuerst weggeschickt", fragte der Chassid erstaunt.

„Damit du lernst, nicht zu sehr den Menschen zu vertrauen. Vertraue auf Gott, auf Gott allein."

Einmal kam ein Kranker zu ihm, dem die Ärzte gesagt hatten, daß er an einer unheilbaren Krankheit leide. Von Mitleid ergriffen, berief er eine Rabbinerversammlung ein. Sie beschloß: Dieser Mensch ist zum Leben bestimmt. Da mußten die Ärzte ihre Diagnose ändern.

Wie lange er im Dienst der Temerl geblieben ist, weiß man nicht, aber die Arbeit muß ihm gefallen haben; denn er sprach oft darüber.

Eines Tages entdeckte er einen Vorarbeiter, der sehr gewissenhaft arbeitete. Er begann ein Gespräch mit ihm und sagte: „Du kennst das Gebot, daß man nicht stehlen soll, aber man muß sich nicht zu sehr an die Buchstaben halten. Von Zeit zu Zeit ist es erlaubt, ein bißchen zu stehlen."

„Was!" rief der Vorarbeiter ganz bestürzt. „Ihr stiftet mich zum Diebstahl an?"

„Du hast mich falsch verstanden", sagte Reb Itzikl. Du kannst hier eine Minute stehlen und dort eine Minute, aber nur, um in dieser Zeit die Thora zu studieren."

Und was dachte Temerl wohl darüber als energische Geschäftsfrau und echte Managerin? Was hielt sie von dieser „Gewerkschaftspolitik" ihres Verwalters? Darüber ist nichts bekannt. Sie hat ihn jedenfalls nicht vor die Türe gesetzt. Er kümmerte sich sogar noch um ihren Waldbesitz, als er bereits seine Tätigkeit als Rabbiner begonnen hatte, allerdings nicht mehr lange. Wie soll man erklären, daß er eine Zeitlang beide Tätigkeiten ausübte? Vielleicht wollte er kein Rabbi werden und wurde wie die meisten seiner Meister und Freunde dazu genötigt. „Ein Rabbi", sollte er später sagen, „fängt damit an, daß er sich dagegen wehrt, Rabbi zu sein, aber wenn er es einmal ist, dann ist er es sogar im Schlaf!"

Reb Itzikl hätte lieber für Temerl gearbeitet und sein Leben als Chassid und Schüler gelebt. In der Tat trifft man ihn in den berühmtesten Schulen, von denen es eine Menge gab.

Es war die Blütezeit des Chassidismus. Überall bildeten sich Zentren mit heiligen Stätten, mit Hohenpriestern und Weisen, die den Unruhigen Frieden schenkten und die Selbstgefälligen beunruhigten. Lublin und Pžycha, Kozk und Rižin, Riminow und Ropschitz, jeder Ort hatte sein Leitthema und seine Besonderheit. Es gab keine Stadt, kein Dorf, wo die Worte, die der Bescht je gesprochen hatte, nicht gehört worden wären. Trunken von Gottesliebe und verwandelt durch seine Gegenwart, breitet sich die Bewegung unaufhaltsam aus.

Überall rührt sich etwas, hier gärt und brodelt es, dort bricht etwas auf, öffnet und vertieft sich.

In Kozk bemühen sie sich, von den Höhen des Himmels her die Erde zu erneuern, in Rižin versuchen sie, tief hinabzusteigen in die alte Erinnerung an das Königreich Judäa. Hier singen sie, dort tanzen sie, studieren, knüpfen enge Bande, errichten ganze Gebäude, ja Paläste aus Worten, überziehen das Exil wie mit einem Netz, um bis in seine geheimen und dunklen Schlupfwinkel zu dringen. Wohin man blickt, überall bilden sich Schulen, stehen Meister auf, ihre Zahl wächst von Tag zu Tag. Nein, Reb Itzikel möchte nicht einfach noch ein Rabbi mehr sein, ihm geht es um eine Mission, nicht um Ruhm und Ehren. Deshalb nutzt er das Prestige seines Titels, um zu helfen, zu versöhnen, zu befrieden.

Der Erfolg bringt Streitereien mit sich, die sich verheerend auswirken. Eifersüchteleien gibt es nicht nur bei den Schriftkundigen, sondern auch bei den einfachen Chassidim. Wer diesen Gedanken bewundert, muß jenen bekämpfen. Das ist eine engherzige und gefährliche Erscheinung. Rabbi Itzikl von Worki versucht Frieden zwischen den Parteien und Gruppen zu stiften, zwischen den Abweichlern und den Abweichlern von der Abweichung. Er ist viel unterwegs, müht sich ab und verausgabt sich, um zu verhindern, daß die Bewegung auseinanderfällt, die ursprünglich, zur Zeit des Bescht, Einheit, Gemeinschaft, Solidarität und Brüderlichkeit verkörperte.

Auch er selbst ist nicht sicher vor Eifersüchteleien und Intrigen. Hie und da versucht man, in seiner Umgebung nach bekannter Methode Zwietracht zu säen mit Gerüchten und übler Nachrede. Die Chronik hat nichts von diesen Machenschaften festgehalten, und er selbst straft sie mit Verachtung und reagiert kaum darauf.

Eines Tages wurde ihm hinterbracht, daß sich in Worki ein wahrer Spezialist von Gerüchtemacher aufhielt, der sich unter die Gläubigen mischte, um sie über ihn auszufragen, und dabei mit Anspielungen und Bosheiten nicht sparte. Rabbi Itzikl ließ ihn zu sich rufen und sagte: „Du willst also Böses über mich verbreiten. Was das betrifft, so weiß ich mehr als du. Setz dich und hör mir gut zu. Ich selber werde dir Dinge über mich erzählen, die schlimmer sind als alles, was du über mich verbreitest ..."

Diese Anekdote charakterisiert ihn vortrefflich. Niemals ärgerte er sich, nie ließ er sich provozieren, immer zeigte er ein Lächeln, war leutselig und liebenswürdig und sogar zu seinen Verleumdern, ja zu seinen Feinden noch großmütig.

Als er noch in Pžycha war, wollte man ihn einmal zum Zorn reizen. Einige Schüler überredeten einen einfältigen Mann, der weder Wissen noch Manieren besaß, ihm einen Streich zu spielen. Reb Itzikl war in sein Gebet vertieft, als ihn der brave Mann unterbrach und um Schnupftabak bat. Reb Itzikl gab ihm eine Prise und setzte sein Gebet fort. Drei Minuten später war er schon wieder da, ob er nicht noch eine Prise haben könne. Reb Itzikl gab ihm noch eine, dann noch eine und noch eine und so fort bis zum Ende des Gebets; denn Reb Itzikl hatte es fertiggebracht, trotz aller Unterbrechungen sein Gebet zu beenden. Als er nun Gebetsmantel und Gebetsriemen abgelegt hatte, trat er auf den Mann zu. Die Chassidim waren überzeugt, er würde ihm jetzt die Leviten lesen und alle Schande sagen. Aber nein, Reb Itzikl, noch immer lächelnd, schenkte ihm ganz einfach seine Tabaksdose und sagte: „Ich sehe, daß du den Tabak mehr liebst als ich, und wenn ich Lust habe zu schnupfen, dann werde ich fortan dich um eine kleine Prise bitten."

Man erzählt sich auch, daß er einen Spezialrock besaß, den er immer dann anzuziehen pflegte, wenn er spürte, daß ihn der Zorn packen wollte. Da es nämlich eine Weile dauerte, bis er ihn angezogen hatte, war sein Zorn bis dahin verraucht. Er sagte dann zu seinem Diener: „Jetzt magst du in Zorn geraten, ich schaffe es nicht mehr.“ In dieser Hinsicht war er genau das Gegenteil von seinem großen und schrecklichen Freund Rabbi Mendel von Kozk, für den die Angst Wahrheitssuche war, eine Lebensform, eine Art theologischen Prinzips. In Kozk setzte man Himmel und Erde in Bewegung, riß alle Masken herunter, stürzte blindlings nach vorn, selbst auf die Gefahr hin, sich den Schädel einzurennen. Nach Worki hingegen kam man, um Frieden zu finden und Atem zu holen.

Ein Chassid von Worki nahm einmal an einem Gottesdienst des Rabbi Uri von Strelitz teil, wo die Gläubigen ihre Gebete sangen und hinausschrien. „Ja, ja, ich verstehe, daß ihr danach trachtet, den Segen des Himmels für uns herunterzuholen. Aber warum tut ihr es so gewaltsam? Wir in Worki wollen dasselbe, aber wir tun es ganz sanft.“ Von diesen seinen so grundverschiedenen Schülern und Freunden sagte Rabbi Bunam von Pžycha: „Beide sind Asketen und Brandfackeln; nur will Mendel die Welt in Brand stecken, während Itzikl sie erhellen möchte.“

Der Kozker, dieser einsame Seher, lehnte jeden Kompromiß, jedes Nachgeben, jede Lauheit und Schwäche ab. Angesichts des schon zu sehr zu einer Institution gewordenen Chassidismus predigte er die Rückkehr zu den reinen Quellen, zu den ersten Erfahrungen, zur Revolte. Man studierte nicht genug, war vom rechten Weg abgewichen und verwässerte die Wahrheit. Das verkündete er lautstark, so daß jeder, der ihm begegnete oder ihn bloß hörte, unwillkürlich zusammenzuckte. „Die Massen“, sagte er, „die Massen will ich nicht. Sie tanzen nach jeder Pfeife, sind servil und liebedienerisch und ersticken jedes unabhängige Denken."

Was er suchte, war die Elite. „Ach, hätte ich doch nur zehn Männer um mich, ich wollte mit ihnen auf das Dach der Welt steigen und hinausschreien, daß Gott Gott ist."

Nicht nur zehn oder hundert, Tausende wären ihm überallhin gefolgt. Aber er verjagte sie, und je mehr er sie vertrieb, desto mehr liefen sie ihm nach, nur um ihm nahe zu sein und dank seiner Lehre hinter den Lügen der Menschen die Wahrheit Gottes leuchten zu sehen, oder besser gesagt: die Wahrheit Gottes in der menschlichen Wahrheit zu erkennen.

Zwanzig Jahre lang lebte er zurückgezogen und voll heiligen Zorns. Es gab nur drei Menschen, die konnten frei bei ihm ein und ausgehen: der Gaon von Sochatschow, Rabbi Itze Meir von Ger und Rabbi Itzikl von Worki.

Rabbi Mendel von Kozk mochte Reb Itzikl sehr, der sich, ohne sein Schüler zu sein, seiner Autorität unterordnete. Reb Itzikl achtete in dem Älteren den Nachfolger ihres gemeinsamen Meisters, Rabbi Bunam, mit dem der Reb jedoch aufgrund verschiedener Charakterzüge mehr Ähnlichkeit hatte. Als Apotheker und Reisender kannte Rabbi Bunam die Welt, während Rabbi Mendel sie floh, was Reb Itzikl wiederum nicht tat. Obwohl Rabbi Bunam eigenwillig und streng war, interessierte er sich durchaus auch für das Alltagsleben seiner Jünger, was man von Rabbi Mendel keinesfalls sagen kann, wohl aber von Reb Itzikl. Reb Itzikl erklärte den Unterschied zwischen Worki und Kozk auf seine Weise: „Rabbi Mendel ist ein Schnellzug, der direkt nach Leipzig fährt, ohne unterwegs zu halten. Wenn ich dagegen nach Leipzig fahre, halte ich unterwegs an, sammle Reisende, erlaube ihnen, einzusteigen und bei Bedarf wieder auszusteigen, denn nicht jeder ist imstande, in einem Schwung bis nach Leipzig zu kommen."

Als Reb Itzikl einmal von einem Besuch bei Rabbi Motele von Tschernobil zurückkam, sprach er mit seinem Freund, dem Kozker, darüber.

„Was hast du dort gesehen?" wollte dieser wissen.

„Den Studiertisch des Bescht," sagte Reb Itzikl.

„Das ist alles?" fragte der Kozker zurück, „der Tisch dort ist bloß hundert Jahre alt, wir dagegen dringen hier immer tiefer in eine Wahrheit ein, die über sechstausend Jahre alt ist."

Beide Haltungen sind echt, weil sie notwendig sind. Gott ist überall, der Mensch jedoch nicht. Der Mensch ist sogar dort nicht, wo er zu sein glaubt.

Reb Itzikl und Kozker bilden zwei Pole innerhalb des Chassidismus, was sie nicht hinderte, Freunde zu bleiben; denn der eine wie der andere handelte aus Liebe zum Himmel.

Rabbi Mendel von Kozk sucht die Einsamkeit, Reb Itzikl flieht sie. In Kozk glaubt man Mittelpunkt der Welt zu sein, in Worki weiß man, daß das Universum mehr als nur ein Zentrum hat, daß es so viele Zentren wie Meister gibt und so viele Meister wie Worte der Thora: jedes Wesen steht im Mittelpunkt der Schöpfung, jedes Wesen rechtfertigt die Schöpfung.

Rabbi Mendel der Kozker will nichts vom täglichen Tun und Treiben der Menschen wissen, Reb Itzikl von Worki nimmt daran teil. In Kozk zählen Äußerlichkeiten nicht, in Worki beschäftigt man sich damit, die äußere Form schöner zu machen. Der Kozker kümmert sich kaum um materielle Dinge: nur das Unaussprechliche zieht ihn an und bedrängt ihn. Der aus Worki hingegen weiß, was seine Anhänger beschäftigt, er besucht sie, gesellt sich zu ihnen, wenn sie fröhlich oder traurig sind, er erkundigt sich nach ihren Ängsten und Hoffnungen. Er nimmt an den politischen Aktivitäten bestimmter jüdischer Gruppen teil, die sich die Aufgabe gesetzt haben, das Los ihrer Glaubensgenossen zu verbessern. Er traf mit einflußreichen Persönlichkeiten zusammen und ersuchte sie um ihren Beistand. Es gelang ihm sogar, von dem großen englischen Philanthropen Sir Moses Montefiore in Audienz empfangen zu werden. Die Unterredung fand im „Grünen Gasthaus" in Lomse statt. Welches Gesuch ihm Reb Itzikl bei dieser Gelegenheit überreichte? Sir Moses Montefiore möge sich beim Zaren Nikolaus dafür verwenden, daß die Sondergesetze für die Juden gelockert würden, daß es den Chassidim erlaubt sei, ihre besondere chassidische Kleidung zu tragen, daß sie sich an das Schulchan Aruch, das klassische Kompendium der jüdischen Ritualgesetze, halten durften, das die Obrigkeit, wie es hieß, öffentlich verbrennen wollte. Montefiore soll dem Rabbi aus Worki geantwortet haben: „Wenn die Juden doch nur einen kleinen eigenen Staat haben könnten, dann würden ihre Brüder aus allen Ländern alle besser und in größerer Sicherheit leben."

Eines Tages versuchte Reb Itzikl einen Juden von Stand dazu zu bewegen, in einer bestimmten Angelegenheit beim Provinzgouverneur vorstellig zu werden. Die Standesperson zögerte. Er fürchtete den Zorn des Gouverneurs, vor allem auch deshalb, weil er ohne Begleitung hingehen mußte. Deshalb sprach Reb Itzikl: „In der Thora steht geschrieben, daß Gott zu Moses sagte: Komm zum Pharao. Komm! Warum sagte er nicht: Geh zum Pharao? Wisse, wenn ein Mann zugunsten seiner bedrohten Gemeinde etwas unternimmt, dann geht er nicht allein dorthin, Gott begleitet ihn, kommt mit ihm, und sie gehen gemeinsam hin."

Der Mensch ist niemals allein – nur Gott ist allein. Diese Idee des Bescht, die von allen seinen Schülern übernommen wurde, beherrscht das Denken von Worki. Das Individuum kann, auch wenn es noch so sehr danach trachtete, Gott nie aus seinem Leben verbannen. Gott ist da, ist gegenwärtig, aber es ist Sache des Menschen, ihn als Freund oder Fremden, als Vater oder Richter, als Hindernis oder als Verbündeten zu betrachten. In Worki wie anderswo auch, außer in Kozk, wird die humanistische Idee des Chassidismus bis zum äußersten vorangetrieben, alle Aspekte der Existenz und der menschlichen Beziehungen werden miteinander verschmolzen.

Der Midrasch lehrt, daß Jerusalem wegen des Hasses, der zwischen Kamtza und Bar Kamtza bestand, zerstört wurde. In Jerusalem bereitete ein Mann, dessen bester Freund Kamtza und dessen schlimmster Feind Bar Kamtza hieß, ein Gastmahl vor. „Lade Kamtza dazu ein", sagte er zu seinem Diener, der ihn aber wohl nicht richtig verstanden hatte und Bar Kamtza einlud. Der Mann beleidigte ihn, jagte ihn zur Tür hinaus, und jener denunzierte dafür aus Rache die Juden in Rom. So kam ein Ereignis zum anderen, und Jerusalem wurde in Schutt und Asche gelegt. Im Falle Bar Kamtza ist es klar, daß er sich strafbar machte, aber nicht bei Kamtza; denn der war ja nicht einmal dort. Gerade deshalb: er hätte dort sein müssen. Daß er gar nicht eingeladen war, tut nichts zur Sache. Wenn ein Freund sich freut, dann eilst du nicht hin, Kamtza? Was für ein Freund bist du überhaupt, wenn du bei seinem Feste fehlst?

Ein volkstümliches Sprichwort sagt, daß Freundschaft sich erst in der Not bewährt; denn dann sind nur die wahren Freunde zur Stelle und zeigen Mitgefühl. Im Chassidismus sagt man das Gegenteil: die wahren Freunde erkennt man im Glück, denn nur sie sind nicht eifersüchtig, wenn ihr euch freut. Freunde, die darüber glücklich sind, daß ihr glücklich seid, sind rar. Um Mitleid zu zeigen, um euch zu bedauern, euch zu trösten, ja manchmal sogar um euch zu helfen, dazu kommen sie. Ob sie es aber tun, um sich mit euch aufrichtigen Herzens über euer Glück zu freuen, das steht auf einem ganz anderen Blatt.

Rabbi Zeira, sagt der Talmud, wurde alt, weil er sich nie über das Mißgeschick seiner Freunde und Kollegen freute. Darüber wunderte man sich in Worki. War es denn überhaupt vorstellbar, daß ein Talmudgelehrter sich über das Mißgeschick seiner Kollegen freute? „Nein", erklärte Reb Itzikl, „Reb Zeira sagte, daß er niemals glücklich sein könne, wenn es schlecht um seine Freunde stünde." Daraus läßt sich auf die Persönlichkeit Reb Itzikls schließen: er war ein bescheidener, herzlicher und einfacher Mensch, der glücklich war, wenn er jemandem einen Dienst erweisen konnte, meist im Hintergrund blieb und zurücktrat, um erst seine Meister und dann seine Gefährten ins rechte Licht zu setzen. Obwohl er Rabbi war, legte er keinen Wert darauf, den ersten Rang einzunehmen, er floh vor Ehrungen und Auszeichnungen. Auch als Rabbi benahm er sich wie ein Chassid, war mehr auf Treue und Kontinuität als auf Wechsel und Neuerungen bedacht. Beim Tode Rabbi Bunams blieb er dessen Sohn Rabbi Abraham Mordechai treu, während die meisten seiner Schüler zu Reb Mendel von Tomaschow und Kozk übergingen. Die Tradition überliefert uns den Tod Rabbi Bunams auf eine fast brutale und zugleich mystische Weise. Es war an einem Freitagabend, und der kranke Reb Bunam sprach das Abendgebet. Sein Sohn, der am Kopfende des Bettes stand, hörte, wie er plötzlich das Morgengebet unmittelbar daran anschloß. „Vater", rief er, „der Morgen ist noch nicht gekommen!" Rabbi Bunam fuhr mit unerschütterlicher Ruhe fort, nun auch das Nachmittagsgebet zu sprechen. Da wurde der Sohn ohnmächtig. Man brachte ihn nach Hause, und als er wieder zu sich gekommen war, befahl er, daß man ihn allein lasse in seinem Zimmer und niemandem erlaube einzutreten. „Auch wenn jemand versuchen will, die Tür einzudrücken, sollst du sie verteidigen", sagte er zu seinem Diener Reb Jiddel. Ein Tag verging; zwei, drei Tage vergingen; der Zustand Rabbi Bunams verschlimmerte sich. Einige Leute versuchten, seinen Sohn zu erreichen, um ihn zu überreden, an das Sterbebett des Vaters zu kommen, aber er ließ niemanden ein. Seine Mutter flehte ihn an: „Es ist doch dein Vater, der stirbt, dein Platz ist jetzt an seiner Seite."

„Ich kann nicht", gab er durch die Tür zur Antwort, „glaube mir, ich habe nicht die Kraft dazu."

Da bat sie Rabbi Isaak von Worki, sich einzuschalten. Der weigerte sich: „Das ist ein zu schwerer Fall, da darf ich mich nicht einmischen."

Jahre später, als Rabbi Itzikl selbst im Sterben lag, schloß sich sein Sohn, Rabbi Mendel, ebenfalls in seinem Zimmer ein und gab die Weisung, daß niemand ihn stören dürfe.

Es bestand eine große Verwandtschaft zwischen Rabbi Bunam und Rabbi Isaak, aber der geistige Erbe von Pžycha wurde Rabbi Mendel von Kozk. Warum? Gerade wegen dieser Verwandtschaft. Die Zeiten des Aufruhrs waren schon angebrochen, und Kozk war dafür das lebendige Symbol.

In Worki wurde Liebe und Mitleid gepredigt, nicht Furcht und Zittern. Als eine Frau als Opfer einer Verleumdung geächtet wurde, verteidigte der Rabbi von Worki sie: „Wenn auch alles, was man mir über ihren Fall gesagt hat, wahr ist, verdient sie trotzdem Mitleid und keine Beschimpfungen."

„Jeder Mensch", sagte er, „muß im andern ein Buch der Thora sehen. Jedes Wesen ist geheiligt. Jedermann verdient Respekt. Der Körper selbst ist der Widerschein der göttlichen Schöpfung."

Zu einem Asketen, der sich kasteite, sagte er: „Du

strebst zu sehr nach Besitz." „Ich", staunte der Asket, „ich besitze doch nichts."

„Doch, du kasteist deinen Körper; aber gehört er denn dir allein? Er gehört auch Gott."

Über einen Mann, der ihm erzählte, er faste vom Ende eines Sabbats bis zum Beginn des nächsten, ärgerte sich Reb Itzikl und sagte ihm, das sei nicht der rechte Weg für einen Chassid.

„Aber der Bescht", erwiderte der Chassid, „der Bescht lebt auch so. Er zog sich allein in die Berge zurück und nahm nur am Sabbat Nahrung zu sich."

„Kein Vergleich", sagte darauf Reb Itzikl, „der Bescht verließ seine Familie jeden Sonntag mit einem Sack voll Nahrungsmitteln für die Woche, nur vergaß er, davon zu essen. Aber du gehst mit einem leeren Sack fort und vergißt das nicht, du denkst daran, du denkst unaufhörlich daran."

Die Liebe zu Israel bedeutet nach Auffassung von Worki nicht Selbsthaß. Würde und Selbstachtung gehören zusammen. „Warum spricht man denn das Sündenbekenntnis nach der alphabetischen Ordnung der Sünden, der Unterlassungen und Übertretungen?" fragte er seine Schüler. „Um zu wissen, wo man aufhören muß. Endlos Reue empfinden, vor Ungeduld vergehen und sich kasteien, das ist nicht der Weg, der zu Gott führt. Zu Gott führt nur das Leben allein und nicht das, was es verleugnet. Ihr seid alle Kinder Gottes, wie uns die Schrift sagt, und wer das vergißt, begeht die schlimmste aller Sünden", erklärte Reb Itzikl.

Als er das Hohe Lied zitierte, das uns Salomos Bett aus Gold und Silber gefertigt beschreibt, fragte er sich: Wie kann man auf einem Bett aus Gold schlafen? und gab sich die Antwort: Dort, wo Liebe waltet, kann man sogar auf Gold schlafen. Sein Sohn erzählte dem Rabbi von Kozk, er habe im Traum seinen toten Vater gesehen, wie er, auf einen Stock gestützt, in der Nähe eines

Flusses stand. „Ja", sagte da der Rabbi von Kozk, „und weißt du auch, was es mit diesem Fluß auf sich hat? Es sind die Tränen der verfolgten Juden."

Dieses Bild beschreibt ihn gut; denn sein Leben lang war er immer bemüht, den Verfolgten zur Hilfe zu kommen: er sammelte ihre Tränen. Sein Sohn und Nachfolger sagte von ihm: „Mein Vater wiederholte sein Leben lang einen einzigen Vers aus der Thora: Du sollst deinen Gott lieben aus deinem ganzen Herzen – und sollst lieben, sollst lieben."

Wie die Mehrzahl der großen Meister hatte er einen feinen Sinn für Humor. Man hatte ihm hinterbracht, daß Diebe in das Geschäft des Sohnes Reb Mordechai Menachems eingedrungen waren und einen Großteil der Ware mitgenommen hatten. In der folgenden Nacht waren sie zurückgekommen, um den Rest zu holen. „Arme Diebe", bemerkte er dazu, „jetzt haben sie zwei aufeinanderfolgende Nächte nicht geschlafen ..."

Warum ist die Gastfreundschaft nicht eins von den 613 Geboten der Thora? Wenn das der Fall wäre, würde es Leute geben, die Unbekannte aufforderten, nicht nach Hause und nicht zur Arbeit zu gehen, sondern zu ihnen zum Essen und Schlafen zu kommen, erklärte er und fügte hinzu: „Die wahre Gastfreundschaft besteht darin, die Eingeladenen gehen zu lassen, wann sie es wollen und nicht erst später." „Es gibt", so sagte er einmal, „zwei Arten von Kutschern. Der eine sagt sich, weil Gott mir das Leben geschenkt hat, muß ich auch leben; ich werde mir also ein Pferd kaufen, mit dem ich meinen Lebensunterhalt verdienen kann. Der andere sagt: Auch das Pferd muß leben; wenn es für mich arbeitet, muß ich es am Leben erhalten. Der Unterschied? Nun, für den ersten arbeitet das Pferd, der zweite arbeitet für das Pferd."

Sein ältester Sohn, ein gelehrter Talmudist, studierte immer mit lauter Stimme in Gegenwart seines Vaters, der ihm jedesmal sagte: „Gut so, gut so, aber man muß studieren wollen." Da betrieb der Sohn seine Studien noch stärker. Und der Rabbi von Worki fing von neuem an: „Gut so, gut so, aber man muß studieren wollen." Der Sohn aß schließlich nicht mehr, noch schlief er, und doch war sein Vater immer noch nicht zufrieden.

„Aber was soll ich denn tun, Vater?" fragte der Sohn.

„Man muß studieren wollen, um zu studieren – und nicht um Eindruck zu machen."

Dem Rabbi von Kozk erklärte er einmal, warum er einen skeptischen Menschen als Privatsekretär genommen habe. Früher oder später werden sie es doch durch den ständigen Kontakt mit ihren Rabbis. Warum dann warten und sie warten lassen?

Er sagte auch: Die stärkste Einsamkeit empfindet man in der Menge; man kann auch beim Essen fasten; und das wahre Schweigen bildet sich im Innern der Sprache.

Dieses Schweigen sollte unter der Führung seines jüngsten Sohnes das Sinnbild von Worki werden. Man nannte Rabbi Mendel den „Schweiger von Worki". Mit ihm dringt das Schweigen als treibende und schöpferische Kraft in den Chassidismus ein.

Der 1819 geborene Rabbi Mendel ist beeindruckender als sein Vater und vor allem rätselhafter. Dem Denken des Kozkers näher stehend als dem von Worki, handelt er nicht, wie alle Welt es tut, im Grunde lehnt er die Welt ab. Die Einsamkeit zieht ihn an, saugt ihn auf, er wünscht sich, fern von den andern als Außenseiter zu leben, ohne bemerkt und ohne verstanden zu werden.

Mit drei Jahren wurde er von seinem Vater dem Rabbi Bunam vorgestellt, der ihm ein Glas Bier gab:

„Na, magst du das?"

„Sehr", erwiderte der Junge, „es ist bitter, aber gut."

„Er wird Rabbi werden", prophezeite ihm der Rabbi Bunam.

Nach seiner Heirat zieht er sich von seinen Geschäften und vom häuslichen Leben zurück, um in Begleitung einiger Freunde im Walde zu leben. Was er dort treibt, ist Geheimnis. Die chassidische Überlieferung will wissen, daß sich die Gruppe mystischen Erfahrungen gewidmet habe. Sie singen, lachen, tanzen, spielen vielleicht auch ... So sieht es jedenfalls aus. Der alte Reb Itzikl setzt seinen ganzen Einfluß ein, um seinen Sohn ins normale Leben zurückzuholen. Ein unmittelbarer Erfolg stellt sich nicht ein.

Er will nichts von einem normalen Leben wissen. Sein Vater wird krank, aber er, anstatt Psalmen zu beten und zu fasten, zieht von Gasthaus zu Gasthaus, begleitet von seinen Freunden, die er seine „Leibwächter" nennt, und stößt auf das Leben an. Eines Abends folgt ihm Rabbi Berisch von Biala unbemerkt. Es war am Vorabend des Schawuoth, des Festes zum Gedenken an die Sinai-Offenbarung, und diesen Abend widmet man nur dem Studium. Rabbi Mendel jedoch und seine Genossen begeben sich in einen Keller und fangen zu trinken an. Rabbi Berisch kann nur mit Mühe seiner Entrüstung Herr werden und wartet auf die Dinge, die da kommen werden. Nach dem zweiten Glas sieht er, wie Rabbi Mendel aufsteht und mit leiser Stimme spricht. Er versteht nichts von dem, was er sagt, aber er sieht, wie die andern in Tränen ausbrechen. Später bittet er, in die Gruppe aufgenommen zu werden, aber erst nach einer langen und harten Vorbereitung wurde er zugelassen.

Beim Tode des alten Rabbi von Worki wollten die Gläubigen, die sich verwaist fühlten, lieber ihn als seinen älteren Bruder, Rabbi Jakob-David, der bereits Rabbi von Aschimow war, krönen. Rabbi Mendel lehnte aber ab. Wie sein Vater, wie der Kozker, wie die großen Meister wollte er diesen Titel nicht, weder die damit verbundene Verantwortung noch die Macht. Neun Monate später fragte ihn der Rabbi von Kozk nach dem Grund.

„Ich fühle mich nicht als Rabbi“, erwiderte er.

„Aber die Chassidim machen dich zum Rabbi“, sagte der Kozker.

„Nein, ich will nicht betteln“, gab Reb Mendel zurück.

War das übertriebene Demut, überflüssige Bescheidenheit, mangelnde Sicherheit? Er hatte Angst vor der Eitelkeit. „Sie ist schlimm“, sagte er. „Eitelkeit zeugt von niedriger Gesinnung.“ Er fürchtete die rabbinische Krone, weil sie nach seiner Meinung leicht zur Eitelkeit verführen konnte, mit andern Worten: zur Lüge. Das göttliche Geheiß an Abraham: „Geh!“ interpretiert Rabbi Mendel mit: „Geh zu dir selbst, auf dich selber zu.“ Der talmudische Ausdruck Zaddik-Chassid bedeutet in seiner Sprache, den gewöhnlichen Menschen hinter sich zu lassen. Der gewöhnliche Mensch darf keinen andern täuschen. Der Zaddik-Chassid setzt alles daran, sich nicht selbst zu täuschen. „Von meinem Vater“, sagte er, „habe ich zwei Dinge gelernt: nicht zu lügen und keine Dummheiten zu machen.“ Und in Abwandlung des gleichen Themas heißt es bei ihm: „Ihr könnt Gott nicht betrügen, ihr könnt nicht einmal die andern Leute betrügen, ihr könnt nur euch selbst betrügen.“ Zum Kozker sagte er einmal: „Was können wir von König Salomo lernen? Ich weiß es: Ohne Gott ist alle Intelligenz ohnmächtig.“

Wie der von Kozk muß auch der Chassid von Worki sich bewußt werden, daß das Leben nicht nur aus Inbrunst und Ekstase besteht. Auch die Furcht, die Angst, die Traurigkeit können zu Gott führen. „Der Sünde aus dem Weg zu gehen“, sagte er, „ist sehr einfach. Stellt euch, im Bett liegend, nur vor, ihr lägt im Grabe."

Im Gegensatz zu seinem Vater kümmerte er sich nicht um Alltagsangelegenheiten, trachtete nicht danach, die Lebensbedingungen der Juden zu verbessern: „Mein Vater trat bei Königen für sie ein, ich trete beim König der Könige für sie ein."

Trotzdem kommen die Chassidim in großer Zahl zu ihm, verehren ihn. Er spricht nicht zu ihnen. Aber was geschieht eigentlich? Er muß seine Gründe haben; denn am Ende verwandelt sich das Schweigen in ein festes Band, das stärker bindet als das Wort. Ein seltsamer Mensch, dieser Rabbi Mendel. Er gleicht dem Kozker, aber er geht weiter als er. Der Kozker war cholerisch und ungestüm, er schrie, tobte, schimpfte, brüllte, aber er war da, war bei seinen Schülern. Selbst wenn er sich in seinem einsamen Zimmer einschloß, war er da, auf der andern Seite der Tür nämlich. Die Chassidim wußten das, sie fühlten seine Nähe. Rabbi Mendel von Worki ist auch da, aber er ist da, ohne wirklich anwesend zu sein. Er ist zugleich anwesend und abwesend.

Er hält keine Predigt am Sabbat, er sagt nichts bei Tisch, er hält keine Moralpredigten. Nach Worki kommt man, um zu schweigen, um das lebendige, schöpferische Schweigen zu entdecken, das chassidische Schweigen.

Mit seinen Jüngern verbringt er eine schlaflose Nacht an seinem Tisch; es herrscht völliges, alles durchdringendes, alles beherrschendes Schweigen, das immer dichter, immer tiefer und immer wahrer wird, das absolute Schweigen. Gegen Morgen schüttelt sich der Rabbi und sagt: „Glücklich der, der weiß, daß der Eine einzig und einmalig ist." Oder auch: „Sogar das leere Schweigen ist gut, bei Worten ist das nicht so, wenn sie leer sind, bleiben sie es auch."

Ein andermal zitiert er einen Psalm – Gott spricht:

„Ich werde dir antworten in der Verschwiegenheit des Donners" – und schreit: „Laßt uns gemeinsam donnern, meine jüdischen Brüder, laßt uns gemeinsam donnern im Schweigen."

Sicher haben andere chassidische Meister die Tugend, die Kraft und die Wahrheit des Schweigens besungen, aber keiner hat es wie er praktiziert. Der Bescht bat manchmal seine Schüler, sie möchten ihre Ekstase oder ihr Lachen mäßigen, um den Sinn bestimmter Worte zu erfassen. Der Maggid von Mesritsch pflegte oft seinen Schülern zuzuhören, ohne ihnen zu antworten. Rabbi Elimelech von Lisensk blieb manchmal stunden- oder gar tagelang völlig stumm. Was Levi Itzhak von Berditschew betrifft, so pflegte er zu sagen: „Sobald der Messias gekommen ist, werden wir die Gabe besitzen, nicht nur die Worte der Thora zu verstehen, sondern auch das Schweigen zwischen ihnen." Und der Kozker meinte: „Es gibt Wahrheiten, die können durch das Wort weitergegeben werden, bei anderen, die tiefer sind, ist das niemals möglich, nicht einmal durch das Schweigen." Man ersieht daraus, daß zahlreiche Meister vom Schweigen fasziniert waren. Rabbi Nachman von Brazlaw verlangte sogar von seinen Schülern, daß sie jeden Tag eine Stunde in Einsamkeit und Schweigen verbrachten. In seinen Geschichten treffen wir oft auf stumme Personen, Gefährten der Sänger oder Erzähler, die sich im Wald oder in der Wüste verirrt haben.

Aber kein Meister setzte das Schweigen so in die Praxis um, wie es Rabbi Mendel von Worki tat. Er erklärte gern den Satz aus der Bibel: „Und Gott hörte das Wehklagen Ismaels in der Wüste" und bemerkte dazu:

„Wo wird gesagt, daß Ismael weinte? Nirgends, das bedeutet, daß er schweigend schrie und ihn Gott deshalb hörte."

Ebenso betete Hanna, die Mutter Samuels, mit leiser Stimme und weinte schweigend. Das war nach Rabbi

Mendel von Worki das höchste Gebet überhaupt. Ein andermal sprach er von Batya, der Tochter des Pharao, die das Schilfkörbchen, das auf dem Nil schwamm, öffnete und sah, daß darin ein weinender Junge lag. Sie sah es und hörte es nicht? Kann ein Kind weinen, ohne daß man es hört? Ein jüdisches Kind kann es, und Batya begriff deshalb, daß es sich um einen Hebräer handelte. Die Juden müssen mit leiser Stimme weinen können.

Von ihm stammt auch das folgende Wort: „Dies sind die drei Grundregeln, die das Verhalten des Menschen bestimmen: Er muß lernen, aufrecht zu knien, unbewegt zu tanzen und lautlos zu schreien."

Eines Tages traf er Rabbi Eleasar, den Enkel des Maggid von Koschnitz. Sie gingen ganz allein, ohne Zeugen, in ein Zimmer, setzten sich einander gegenüber, Auge in Auge, und schauten sich lange an. Dann erlaubten sie, daß die Tür für die Chassidim geöffnet wurde, und Rabbi Mendel von Worki sagte: „Wir sind fertig!"

Warum war er vom Schweigen so besessen? Vielleicht mißtraute er dem Wort, das die Menschen bis zur völligen Abnutzung mißbrauchen. Vielleicht spürte er auch die Krise, von der die zu mächtig und marktschreierisch gewordene chassidische Bewegung bereits erfaßt wurde. Der in der Stille der Karpathen entstandene Chassidismus des Bescht war zu einer „Erfolgsliteratur" geworden. Vielleicht wollte er etwas ganz Neues, weil ihm bewußt war, daß er nur die Worte seiner Meister und Vorgänger wiederholen konnte, und hat deshalb versucht, etwas außerhalb der Sprache oder sogar gegen die Sprache ins Leben zu rufen.

Es ist ebensogut möglich, daß sein Schweigen einer höheren geistigen Ordnung entstammte, einer theologischen Ordnung. Wenn Gott auch im Schweigen wohnt, warum soll man ihn dann dort nicht suchen, ja ihn herausfordern. Die chassidische Welt wurde ärmer, je reicher sie wurde, und die übrige Welt raste auf den Abgrund zu. Neue Kriege brachen aus und bereiteten den blutigsten von allen vor. Und Gott schwieg dazu? Warum schwieg er? Und wenn er schwieg, was blieb dem Menschen dann noch für sein Handeln, für sein Hoffen?

An einem Abend des Passahfestes, eine Woche vor seinem Tod, sang Rabbi Isaak von Worki die Haggada, das rituelle Gebet der Passahnacht. Plötzlich unterbrach er und sagte: „Es ist wahr, daß es unter den Zaddiks Gerechte gibt, die die Macht besitzen, den Messias kommen zu lassen, aber sie wenden sie nicht an. Der Grund dafür lautet: weil Gott schweigt, schweigen auch sie."

Dem göttlichen Schweigen antwortet das menschliche Schweigen – und beide sind im innersten Wesen tragisch.

Aber liegt darin auch Hoffnung? Das göttliche und das menschliche Schweigen können sich verbinden, das eine kann durch das andere, kann im andern wachsen, und das reicht zum Leben aus oder sollte es wenigstens. Beide sind fähig, sich gegenseitig zu reinigen, sich im andern zu befreien, und das genügt oder sollte genügen.

Denn alles in allem geht es hier um folgendes: entweder durch das menschliche Wort dem göttlichen Schweigen oder durch das menschliche Schweigen dem göttlichen Wort antworten. Aber das zu erreichende Ziel lautet anders: dem Schweigen durch das Schweigen und dem Wort durch das Wort antworten.

Der Weg dorthin steckt voller Gefahren. Denn wenn nun das Schweigen des einen das Wort des anderen ist? Wie soll man es wissen? Kann man es überhaupt wissen? Das sind bestürzende und beängstigende Fragen, zumal für unsere Generation. Es ist immer noch nicht gelungen, das Schweigen Gottes zu enträtseln oder ihm zu trotzen in einer von Gott entleerten – oder schlimmer noch – von ihm erfüllten Welt. Wie soll man das erklären, wie es erzählen?

Wir haben gelernt, daß bestimmte menschliche Erfahrungen sich jenseits der Sprache vollziehen, besser gesagt, daß ihre Sprache das Schweigen ist. Wir haben auch erfahren, daß das Schweigen nicht immer erlösend und schöpferisch ist. Es kann zum Instrument der Folter und des Todes werden.

Wir haben erfahren, daß das Schweigen sich wie eine Mauer vor die Geschichte stellen kann, die es erhellen soll. Wie soll man das wahre vom falschen Schweigen unterscheiden? Dinge verschweigen, die man sagen könnte, ist etwas anderes als Dinge verschweigen, die man nicht sagen kann oder nicht sagen darf. Was ist zu tun, um beides nicht durcheinanderzubringen?

Für den Dichter, den Künstler, den Mystiker und für den Überlebenden hat das Schweigen verschiedene Aspekte und Bereiche, die sich nicht decken. Das Schweigen hat seine eigene innere Struktur, seine Labyrinthe und – seine Widersprüche. Das Schweigen des Mörders ist nicht das Schweigen seines Opfers. Für einen Menschen mit sinnlicher Wahrnehmungsfähigkeit gibt es kein schweigendes Universum, wohl gibt es ein Universum des Schweigens, das wahrzunehmen nur empfindsame Menschen imstande sind.

Ich gebe zu, daß ich mich Worki sehr nahe fühle durch sein Schweigen, weil es mich an ein anderes Schweigen erinnert, an das Schweigen ganzer Gemeinden, die durch einen Kontinent in Flammen, auf einem Planeten aus Asche auf den Tod zuschritten, langsam, schweigend und gesammelt, als verzweifelten sie am Wort und vielleicht sogar am Schweigen.

Mehr als der Hunger der Hungrigen, mehr als die Qualen der Gefolterten, mehr als die Flammen, die über den Massengräbern prasselten, läßt mich das Schweigen dieser nächtlichen Prozessionen nicht los und wird mich bis zum Ende meiner Tage verfolgen.

Der schwermütige Rabbiner und seine erschreckte

Gemeinde, der Meister und seine Schüler im Gebet, die Träumer, die Arbeiter, die Kinder, sie schrien nicht und weinten nicht. Sie marschierten und marschierten und ließen hinter sich ein Schweigen zurück, das sie überleben wird. Ein vollkommenes, absolutes Schweigen.

Ich denke an das Schweigen von Worki und denke an das Schweigen fern von Worki und weiß, was es verkörpert: Zeichen und Schrei eines Volkes, um es als Opfergeschenk an die Nacht und den Himmel darzubringen – Opfergabe einer sprachlos gewordenen Menschheit, die am Ende der Sprache und am Ende der Schöpfung angelangt ist, und darüber hinaus ein Geheimnis, das unergründlich bleibt.

Bücher von Elie Wiesel im Verlag Herder

Adam oder das Geheimnis des Anfangs
Brüderliche Urgestalten
4. Auflage. 232 Seiten, gebunden. ISBN 3-451-18952-6

Das Geheimnis des Golem
Mit Zeichnungen von Mark Podwal
2. Auflage. 96 Seiten, gebunden. ISBN 3-451-20278-6

Der fünfte Sohn
Roman
3. Auflage. 192 Seiten, gebunden. ISBN 3-451-20352-9

Gott nach Auschwitz
Dimensionen des Massenmordes am jüdischen Volk
3. Auflage. 144 Seiten, Paperback. ISBN 3-451-18321-8

Macht Gebete aus meinen Geschichten
Essays eines Betroffenen
2. Auflage. 120 Seiten, gebunden. ISBN 3-451-20823-7

Von Gott gepackt
Prophetische Gestalten
2. Auflage. 144 Seiten, Paperback. ISBN 3-451-18121-5

Was die Tore des Himmels öffnet
Geschichten chassidischer Meister
2. Auflage. 144 Seiten, gebunden. ISBN 3-451-19114-8

Die erste und einzige Elie-Wiesel-Biographie:

Ellen N. Stern
Wo Engel sich versteckten
Das Leben des Elie Wiesel
2. Auflage. 192 Seiten, Paperback. ISBN 3-451-20678-1

HERDER Freiburg · Basel · Wien